谨以此书

献给那些和文字共舞的人

在阅读本书之前

让我们共同致敬贡献了书中这些优秀文案的

优秀的广告主、优秀的广告公司和优秀的文案创作者

# 走心文案

汪豪 尹雨诗◎著

中国经济出版社
CHINA ECONOMIC PUBLISHING HOUSE
·北京·

**图书在版编目（CIP）数据**

走心文案 / 汪豪，尹雨诗著. -- 北京：中国经济出版社，2021.5

ISBN 978 - 7 - 5136 - 6345 - 8

Ⅰ. ①走… Ⅱ. ①汪… ②尹… Ⅲ. ①汉语—应用文—写作 Ⅳ. ① H152.3

**中国版本图书馆 CIP 数据核字（2020）第 181518 号**

策划编辑　崔姜薇
责任编辑　王建昌
责任印制　马小宾
封面设计　任燕飞装帧设计工作室

**出版发行**　中国经济出版社
**印 刷 者**　北京艾普海德印刷有限公司
**经 销 者**　各地新华书店
**开　　本**　710mm × 1000mm　1/16
**印　　张**　17
**字　　数**　265 千字
**版　　次**　2021 年 5 月第 1 版
**印　　次**　2021 年 5 月第 1 次
**定　　价**　68.00 元
**广告经营许可证**　京西工商广字第 8179 号

**中国经济出版社**　**网址** www.economyph.com **社址** 北京市东城区安定门外大街 58 号 **邮编** 100011

本版图书如存在印装质量问题，请与本社销售中心联系调换（联系电话：010 - 57512564）

## 序言

# 致那些和文字共舞的人

一

工作总是辛苦的，但是如果你能从事文案工作的话，那你是幸运的。

很有幸，我很早就从事文案工作，至今已近 20 年，我想我会一直写，直到写出我认为不枉此生的文案。

在从事文案工作的这些年，我每天与文字为伍，在不同的文字与文字组合中享受着无穷的乐趣。我和它们一起“跳舞”，一起“玩游戏”。对此，“我们”都乐此不疲。

二

文案创作者时时刻刻都在思考怎样才能写出更优秀的文案，要使用哪些文字以及怎样组合文字才能将广告主的产品变得令万人知晓和着迷。

文字就像“精灵”，它随时能给这个充满商业气息的世界带来奇迹，而文案创作人员则更像立于这些“精灵”背后运筹帷幄的王者，他们的工作宗旨就是通过他们笔下的文字给世界带来奇迹。

所以，他们是震撼这个世界的人。夸张一点儿来说，他们同世界文明史中的那些伟人一起，在不断地创新着这个世界。

三

文案工作看起来很简单，文案创作者可以一个月只交那么几行字甚至几个字，就可以领到丰厚的薪水。但是，我觉得文案人员其实应该获得更加丰厚的报酬。因为，他们那寥寥的几行字或几个字足以为企业创造巨大的商业价值，甚至改变企业的命运。

不过，目前有这样先见之明的企业似乎还并不是很多，但是我坚信雇用了优秀文案人员的企业都已经靠他们发了“横财”。

如果你正在寻找一份文案工作，如果文字是你唯一能发挥个人价值的“武器”，那你一定要把你的简历投给一家深知文案的价值并愿意为之支付高薪的企业。

四

文案工作能让人持续地获得成就感，文案创作者笔下的文字每天都会出现在各种各样的媒体上，甚至“钻”进人们的眼睛和耳朵里。如果文案很棒，它们还能“钻”进人们的大脑，“钻”入人们的心里。它们能感动人们，人们会铭记它们，并且会告诉身边的人这些文字有“多棒”。

所以，我认为耐克广告语的创作者一定是这个世界上最有成就感的人之一，如果要评选近百年来影响这个世界的文案的话，那“Just do it”一定位居前列。当然你也有自己认为更有影响力的一些文案。总之，它们都深刻地影响着我们，而优秀的文案创作人员则是这一切的幕后工作者。

这个世界上有很多人的文字会出现在大众媒体上，这些人除了媒体工作者、政治家、公共知识分子，还有文案创作人员，但通常只有文案创作人员的文字是企业心甘情愿为之付费的，因为企业指望着这些文字更好地开拓市场。

五

文案工作是喜欢文字和懂得运用文字者的最佳工作。除此以外，没有任何一项工作能让你每天只需要写文字，并且可以在“用‘你’还是用‘他’”这一代词称谓问题上纠结一千遍，也可以在“是选用逗号还是顿号”这一问题花上一整天的时间去推敲。你不会觉得你在浪费时间，因为你深知如果不把握好每一个字或每一个标点，就可能让广告主的命运走向另一个极端。

你也深知在残酷的市场竞争中一家企业要活着，有多么不容易。企业就像在走钢丝，而你就是“扶着”企业走钢丝的那个人，你的一个字或一句话就有可能让企业坠入深渊或蓬勃发展。

我常常在想，如果每个广告主都明白文案人员为每一个字、每一个标点均付出了“不可理喻”的心血的话，那么文案人员的待遇一定会比现在优越得多。相对应，他们所服务的企业也会因此而获利更丰。

## 六

所以，当你看到这里的时候，你一定会猜到我写作这本书的目的了。

在中国乃至全球，可能都没有一个文案创作人员的组织，文案创作人员分散于大大小小的公司中，默默无闻地为打磨出最优秀的文案而努力着。除了大型的广告公司，在一家企业里，做文案创作的专职人员很少，大多都只有一两名。尽管文案创作人员在企业中的重要性非常大，但是靠他们自己单独去争取利益或获取更大的自我拓展空间却是很难的，他们需要形成一种合力去呐喊、去推进、去学习、去开拓。

在广告类书籍中，专门针对文案的书很少，大家也许明白这里我所说的“书”并不包括那些翻来覆去复制粘贴的教科书。那些教科书也许最大的价值只有两个：一是让教师在讲台上有讲授的依据；二是让学生在期末考试时有可以复习的内容。可能我说得有点过分了，但我觉得这是事实。

## 七

我从事文案工作已近 20 年，从事大学文案专业教学也 10 年有余，在此期间，我大部分的时间和精力都花在了文案上面，对于文案工作及所有的文案创作人员我充满了浓郁的情感。通过本书，我希望能代表无数的文案创作人员，寻求到更好的文案写作能力精进之路，同时也希望所有的文案创作人员均如“散落人间的星星”，带着他们熠熠生辉的文字在人间的各个角落闪闪发光，照亮企业前方的路，让企业顺利前行。

我也深切希望我能代表他们，写出他们的工作状态，写出他们的责任感和使命感，写出他们在文字上所花费的心血，写出他们在文案中所找到的商业秘诀，写出他们如何运用文字的神秘魔力，让文案的光芒更加闪耀，让文案更能照亮这个世界。

我想这也许只是一个开始，我盼望着国内有更多的文案创作人员加入为职业群体发声的行列中。

## 八

文案，是这个世界上最好的工作。

如果你是一位新人，希望你能很快找到你最美妙的感觉。

如果你是一位老手，希望你将你最美妙的感觉与新人分享。

如果你曾经是一名文案人员，而现在已经转变为企业的管理者，请为文案人员营造最适合的工作环境，并支付他们应得的薪水，因为你深知他们对企业的重要性。

让我们一起努力，使这份最好的工作成为世界上最有意义的工作，最能为企业带来财富的工作，最能创新和改变世界的工作，最能推动社会走向更加文明和更加美好的工作。

目录

## 第1篇 我们

## 第2篇 内心



## 第3篇 尊荣

## 第6篇 纵情

## 第7篇 理智



## 第8篇 诚实

## 第9篇 男女



## 第10篇 社交

## 第12篇 国家



## 第13篇 社会

# 第1篇 我们

## 1.1 我

“我是谁？”“我在做什么？”“我要往哪里去？”

我们常常会问自己这样的问题，我们的一生可能都在不断解答这样的问题。人生就是一直在寻找自我和实现自我，于是，我们不断追求，不断努力，不断实现。

在广告中，品牌商为了与消费者实现共鸣，常常从“我”出发，刺激和鼓励受众寻找和展现自己。特别是面向年轻人的运动品牌，不断鼓励年轻人体现自己的个性，表现真正的“我”。

本书中还有一节是讲述“以‘自己’之名”的，两者相比，“以‘自己’之名”的广告主要是从人与其内心对话的层面出发，而“以‘我’之名”的广告主要是从表现自我的角度出发，前者是相对内敛的，后者则是相对张扬的。

### 以“我”之名的运动品牌短文案

运动品牌的广告语一般都具有很强的号召性和鼓动性，倾向于鼓励年轻受众勇敢表现自我，表现出特立独行与众不同的“我”。这样的广告语有很多，下面我们选择其中的几个来分享。

● Reebok（锐步）：I AM what I AM（我就是我）

我就是我，而“我”是谁呢？对于这一问题，未成年和刚成年的一群人很难在其内心深处得到相对清晰的答案，于是“我就是我”成了他们的口头禅。所有上一代的观念他们都不愿意接受，尽管他们明知有些观念是对的。所以 Reebok 的广告商是聪明的。

● Kappa（卡帕）：He who loves me follows me（爱我就跟随我）

爱我就跟随我，当然也意味着如果你喜欢 Kappa，就跟随 Kappa 吧。关于“什么是值得爱的”，每一代人都有自己的理解。我和谁都不一样，你爱我就跟随我，你不爱我就走开，这或许就是年轻个性的男女生的内心写照。

● 安踏：我选择，我喜欢；

安踏：Keep Moving/ 永不止步

应该说，安踏品牌在年轻人中的影响力得益于广告语“我选择，我喜欢”的推动，尽管安踏借 2008 年北京奥运会之机推出新的口号“Keep Moving/永不止步”，但是在年轻人的心中“我选择，我喜欢”这一广告语依旧不失光彩。对于以大 / 中学生为主要受众的安踏来说，张扬自我是更重要的，而“永不止步”更适合于已经在社会打拼的人群。

● 匹克：我来，为胜利而战；

匹克：我能，无限可能

匹克主要针对男性专业运动，着重体现硬朗的男性风格。它的这两句文案充满追求胜利和挑战极限的强烈诉求，完美迎合了运动场上血气方刚的年轻男子的顽强意志。

● adidas（阿迪达斯）：对我来说，这一刻非同寻常

在 1998 年的时候，大卫・贝克汉姆在场上的表现不尽如人意，那些苛刻的评论和指责曾使他想要放弃。后来，在他的坚持和努力下，个人状态重回巅峰，在比赛中荣耀进球，此时此刻，当初那些苛刻的评论家也都为他喝彩。对于贝克汉姆来说，那一刻非同寻常。adidas 的这句广告文案在足球明星亲

身经历的个人故事衬托下，启示人们只要熬过那些艰难的岁月，我们便可以迎来属于自己的高光时刻，而在那一刻，对于我们来说就是非同寻常的。该文案，在使商品品牌广而告之的同时，又使品牌具有了深层的人文内涵，从而最大限度地调动了消费受众对商品的关注度和购买欲。

## 李宁以“我”之名的视频广告文案

2010 年，李宁在纪念公司创立 20 周年之际，推出了品牌重塑计划，取名为“90 后李宁”。同时，修改了标志，并推出了新的广告语“Make the change（让改变发生）”。李宁希望能借此将目标针对 90 后的一群，并推出了一系列的视频广告。

### “90 后李宁”以“我”之名的视频广告文案

“我不是喜欢标新立异，我只是对一成不变不敢苟同。”

“别老拿我跟别人比较，我只在意和自己一寸一寸地较量。”

“你们为我安排的路，总是让我迷路。”

“沿着旧地图，找不到新大陆。”

我更相信，改变就是力量。

让改变发生，90 后李宁。

Make the change。[1]

文案中的“我”，就是指 90 后的一群，这则文案相当于“90 后的宣言”。李宁希望能借此与 90 后产生共鸣，能成为 90 后的“精神偶像”。

[1] 鉴于广告文案，特别是长文案写作体例及呈现方式的灵活性与多样性，本书所有长文案的体例、标点符号等均以“与文案原文保持一致”为基本原则，若有特别改动之处，将以脚注形式加以注释说明。

## 安踏以“我”之名的视频广告文案

安踏在推出新的口号“Keep Moving/ 永不止步”之后，陆续推出了一系列的视频广告。其中，下面一则视频广告文案相对经典，在年轻人中获得了很好的反响。

**安踏以“我”之名的视频广告文案**

我很平凡
没有过人的天分
没有命运的恩宠
现实总把我和理想隔开
世界不公平
但我知道
有一个内在的我
不甘平庸
渴望自由
无所不能
我坚信只要执着和努力
总有一天
一个真正辉煌的我
会离我越来越近
让世界的不公平
在我面前低头
Keep Moving/ 永不止步

“让世界的不公平，在我面前低头”这句话成为激励大 / 中学生奋发上进的励志名言。在他们看来，世界是不公平的，而经历磨难的成年人，已经无力再理会这个世界上存在的不公平。于是，少年们想要改变甚至颠覆这个不公平的世界。少年的志气是这个世界上强大的力量，“少年强，则中国强”。

## adidas（阿迪达斯）以“我”之名的海报文案

为纪念第一双“Superstar”发布 45 周年，adidas 推出话题“I am not a Superstar”。通过倾听来自各界明星的内心声音，推出了一组明星海报，向我们重新诠释了“Superstar”的真正含义。

adidas 以“我”之名的海报文案

I am not a Superstar

如果你认为
Superstar 就是他的歌被众人传唱
那么陈奕迅说，Superstar
这与多少人唱过你的歌无关
I am not a Superstar

如果你认为
Superstar 就是在舞台中央技惊四座
那么蔡依林说，Superstar
并不只是聚光灯下的舞娘
I am not a Superstar

Superstar 不需要证明
Superstar 从不怀疑自己的决定
相信什么就去做
坚定地走下去

Superstar 不在乎被多少人观看

做给自己看，不是做给别人看
Superstar 无关于跟随别人的脚步
这双鞋是为了让你走自己的路
不是别人的

这一海报文案叙述了“Superstar”的内心独白，带领我们打破传统，解读当下时代的“Superstar”精神，并借此来激励我们走自己的路，不用在意世俗眼光，尽管去做，传达出 adidas 的品牌精神与内涵。

## NIKE WOMEN 以“我”之名的文案

本书中多次提到 NIKE WOMEN，因为 NIKE WOMEN 的文案是成功和经典的。在 NIKE WOMEN 的文案中有两则“以‘我’之名”的，一则为《我喜欢当猎人》，另一则为《我喜欢当猎物》。通过这两则文案，我们可以来试着体会一下女性内心的多面性。

NIKE WOMEN 以“我”之名的文案之一

**我喜欢当猎人**

因为猎人很美
尤其是当进攻的念头
与手下不留情的举动
合而为一的瞬间……
内在与外在都美
我在最近看到两个非常美的猎人
一个是剑拔弩张却屏气凝神的投手
他面对打击者，准备投球
但光凭他的气势

已经使对方从对手变成猎物
另一个猎人，是我自己
那是我在谈判会议中
从对方眼里看到的
这种非装饰性的、具实用性的
攻城略地型美感
我称之为“功能性美学”

NIKE WOMEN 以“我”之名的文案之二

**我喜欢当猎物**

要成为猎物的条件是
被看见，被需要，被仰慕，被……
“成为猎物”这件事
其实是一个主动性的“被”动词
因此猎物必须时常在猎人眼前展示自己
就像一个小职员
会在有大老板出席的重要会议中
发表独特看法
而当你的表现被看见时
你就是焦点
你就是人们眼中最美的事物
但有时候猎人会伪装成猎物
比如说
谈恋爱的时候

女性是聪明和善变的：她可以很脆弱，也可以很强大；她可以很多情，也可以很绝情；她可以很随意，也可以很倔强……她表现哪一面在于她想要达到什么目的，这就是代表女性的“我”。尤其是喜欢运动的女性，她们更是女性中的女性，她们是 NIKE WOMEN 的主要诉求对象，也是上面两则文案中的“我”。

## NIKE 以“我”之名的经典长文案

在 NIKE 所有的文案中，有一则长文案被广泛传播。如果说上述 NIKE WOMEN 的文案是从女性的聪明和善变出发的话，那么这则长文案则是从男性的霸气与坚毅出发，通过一段“内心独白”描绘了一个强大男人的“我”。

NIKE 以“我”之名的经典长文案

我，不要一刻钟的名声
我要一种生活
我不愿成为摄像镜头中引人注目的焦点
我要一种事业

我不想抓住所有我能拥有的
我想挑选最好的

我不想出售一个公司
我想创建一个

我不想和一个模特儿去约会
OK，我的确想和一个模特儿去约会

控告我
但是我剩余的目标是长期的
那是一天天做出决定的结果

我要保持稳定

我持续不断地重新解释诺言

沿着这条路一定会有瞬间的辉煌

总之，我就是我

但这一刻

还有更伟大的

杰出的纪录

厅里的装饰

我的名字在三明治上

一个家庭就是一个队

我将不再遗憾地回顾

我会始终信奉理想

我希望被记住

不是被回忆

并且我希望与众不同

只要行动起来

（备注：广告中的人物形象为卡尔顿·费斯克。在广告发布时，他在美国棒球大联盟已效力 21 年）

NIKE 是全球运动品牌的霸主，它所有的广告表现都体现出一个运动品牌的王者形象，这一则文案更是将 NIKE 的王者形象表现得淋漓尽致。

一名真正的王者，不需要叛逆，不需要突破，不需要掩藏，更不需要修饰。他从不害怕什么，也从不担心什么。只要他“行动起来”，什么都可以获得，什么都不会失去。他是一切的中心，世界因他而转动。

其实，很多时候，单从商品品牌的文案，我们就能明确区分出这些品牌在市场竞争中谁是大象、谁是狮子、谁是豹子、谁是狼、谁是鬣狗、谁是野猪、谁是狐狸、谁是野牛、谁是羚羊、谁是斑马……

## 1.2 你

对于把你当作目标消费者或者广告对象的广告主来说，“你”是这个世界上最重要的人。他们所做的一切努力只为你喜欢，他们所说的每一句话都在努力说服你喜欢上他们的产品，买走他们的产品。

同样，广告主对为他服务的所有人的考核指标根本上也只有一个，那就是有多少人付钱消费了他们的产品。

从根本上来说，文案创作者在广告中的每一句话都是对“你”说的，他们只想要“你”看见，要“你”听见，要“你”被打动，要“你”被说服，要“你”愿意掏钱购买，要“你”向你身边的人说他们的好话。只不过，很多时候，他们把“你”这个字眼省略或者主动隐藏起来了。

广告主为了说服你，选用了世界上最精明的广告人和最善于运用文字的文案创作者，深入分析你的心理和需求，使用各种各样的方法和手法，以达到他们的目的。从文案创作者的角度来说，他们最理想的方法就是通过一句广告语便能“瞬间”将你“拿下”，让你就像中了巫师的巫术一样，精神迷乱，然后按照巫师想要的方式去行动。

广告史上那些经典的文案，无一不是抓住了你的心理和需求，通过最合适的语言打动你。在广告的世界，你无路可逃，广告主们付出大量的金钱在你可能出现的任何地方设了各式各样的“诱惑”或“陷阱”。

他们“眼里只有你”“处处为您着想”“想在你之前”“只代表你”“永不让你失望”“你所委托，我必承诺”“保护您”“给你好看”……

### 以“你”之名的短文案

以“你”之名的短文案又可以细分为两类，一类是“露骨”地和直接地对你进行“引诱”，另一类是“隐秘”地和间接地对你进行“引诱”。这两类文案，都可以按创作者“厚颜无耻”的程度分为多个层次。

在这里，我们选一些典型的文案来共赏。

（一）

比较多的文案，是抽象和意义泛泛的。这些广告文案，就像“惯骗者”的甜言蜜语，虽屡见不鲜，却很管用，现实中总会有那么一些人“上当受骗”。

● 奥拓：处处为您着想

这是上述文案类型的典型。“奥拓，这是一辆每个细节都为你考虑周全的车”，这是这一广告语想要传达的信息。但是这样的话语我们听得太多了，因为我们总是听到有人在对我们说，“我们都是在为你着想”——但我们知道，绝大部分的时候，他们都是在为他们自己着想。奥拓“处处为您着想”，在“您”能给他们带来利润回报的时候。在一些文案中，我们也看到这样的形式，就像下一句广告语一样。

● 雪铁龙：想在你之前

调侃一点说，这一广告语的创作者是“厚颜无耻”的。这句广告语想要达到的目的是，你不用再考虑任何问题了。因为你所有能够考虑到的，雪铁龙都已经为你考虑了，你只需要付钱就好了。

● 猎豹汽车：永不让你失望

“让你永不失望的”，只会存在于童话中。文案描绘的，就是一个童话的世界。文案，就是一种高超的“心理战术”，力求让你失去理性，冲动到立即决定去购买。对此，有时候我们可能不想承认，但是企业确实这样获利了。

（二）

有一类文案，从“你”的角度出发，力求能带给你安慰、安全或者信赖，让你舒心和放心，这样的语言从“你”的内心出发，让你备感温暖。

● 百服宁：百服宁，保护您

我们不是生产药品，而是保护你的健康；我们为你的健康着想，我们不是功利主义者，我们是你的健康守护神。请忘记金钱，祛除疾病，只为健康。

● 美联物业：你所委托，我必承诺

你可以把你的物业放心地交给我们来管理，只要是你委托我们的，我们一定负责到底。从广告语来看，这是一家多么值得信赖的公司。对，广告语能做到这一点就够了。

● 丸美眼霜：就算你衣食无忧，也觉得你处处需要照顾

这是丸美眼霜在其由梁朝伟出演的广告宣传片《眼》中的文案。生活在这个时代，都市女性基本都是衣食无忧的，但是这并不意味着女性不再需要被关心和被照顾。丸美眼霜作为女性的眼部保养系列产品，以人格化的方式，充当起女性身边的“暖男”，而这个“暖男”形象又由梁朝伟来扮演和演绎，从镜头感来说，堪称完美。

（三）

比较朴实的广告语，是从“你”生活的某一方面出发，恰到好处地阐述该商品品牌能带给你的具体好处。比如，舒肤佳的广告文案：“看得见的污渍洗掉了，看不见的细菌你洗掉了吗？”舒肤佳从生活细节出发，提醒你关注未曾注意的方面，从而体现其品牌的卖点。

还有一类广告语，是这些年来比较流行的，也常常成为人们生活中拿来调侃的句式。其最早应该来自乐百氏奶的“今天你喝了吗”，就是将中国人的问候语“你吃了吗”进行改编而来。之后就冒出了很多类似的广告语，以“今天你……了吗”来创作，比如，洗发水的“今天你洗了吗”，化妆品的“今天你擦了吗”，运动鞋的“今天你运动了吗”，公益广告的“今天你给妈妈洗脚了吗”……这一类广告语，就像是两个熟人见面后的一句问候，极具亲切感，能消减人们对广告的逆反心理，达到被消费者迅速记住和轻而易举说服消费者的目的。

（四）

还有一类文案，不是自称对“你”有多好，或者为“你”做了什么，而是说文案中的品牌是最适合你的，是专属于你的。

● 雪佛兰 SPARK：只代表你

SPARK 汽车，只代表你，为你而设计，为你而制造。它能满足你的需求，能彰显你的品位。不管你是谁，它都是你最适宜购买的车。这是令人心动的话语，“姜太公钓鱼，愿者上钩”。

## 以“你”之名的“另类”文案

在本人新收集的文案当中，又发现了另一类以“你”之名的广告语。

我们曾分析过一些经典广告语创作者的小心思，他们把“你”当作这个世界上最重要的人，因此他们在广告语中的每一次诉求都以讨你的欢心为出发点，这一类广告语听起来也就有点儿“溜须拍马”的意味。

但是我发现更聪明的创作者已在逐渐舍弃这种“讨好”路线，而是将自己与你置于平等地位，以朋友的“身份”洞察你的心思，以朋友的“口吻”来和你交流，鼓励你，并时不时充当你购买意向方面的“灯塔”，这样的表述方式明显少了“假惺惺”的感觉，更能让你接受。

● 海飞丝：你不会有第二次机会给人留下第一印象

广告语创作者很清楚消费者的小心思，谁不期待一次美丽的邂逅呢？不过前提是你得给对方留下完美的第一印象，错过这一次机会可就没有下一次了。怎么办呢？那就让你秀丽的头发成为对方瞩目的焦点，快用海飞丝吧！

● 爱登堡男装：你走得越远，就越知道，世界再大，总有牵挂

这如同一位长者在和你分享人生经验和感悟，创作者不再对你毕恭毕敬，而是运用独特的话术与你产生一次灵魂深处的共鸣。当你产生情绪反应的时候，也正是文案攻破你心理防线的时候。

● 网易云音乐“2018 年，照见自己”：满地都是六便士，你却抬头看到

了月亮

网易云音乐走的是情感诉求路线，该文案的意蕴为每一个用户都能在网易云音乐获得心灵的释放。在物欲横流的时代，许多年轻人的眼里都是“满地六便士”所指代的蝇头小利，谁会注意到夜空中的月亮呢?

网易云音乐不一样，你也与众不同，你喜欢仰望星空，看到心中的月亮。

## NIKE WOMEN 以“你”之名的文案

NIKE WOMEN 的文案一直被视为文案中的经典，传言许多美国女性曾因为耐克女鞋的文案而感动落泪，这些文案深入女性的内心，触动她们柔软而敏感的心弦，唤醒她们深深压抑在内心的追求和梦想。

NIKE WOMEN 文案中的“你”不是一个我们眼中看到的女性，而是一个女性心中的那个自己。在以“你”为名的文案中，NIKE WOMEN 的文案堪称经典。

NIKE WOMEN 以“你”之名的文案

**你决定自己穿什么**

找出你的双脚，穿上它们

跑跑看，跳一跳……用你喜欢的方式走路

你会发现所有的空间都是你的领域

没有任何事物能阻止你独占蓝天

意外吗？你的双脚竟能改变你的世界

没错，因为走路是你的事

怎么走由你决定

当然，也由

你决定自己穿什么

NIKE WOMEN 是专为女性设计的运动系列，女性不只是在厅室和厨房中忙碌的一群，她们有对运动的追求与渴望，她们需要释放身心的潜能。文案中的“你”代表了所有已觉醒的和正在觉醒的女性。

你可以！你行！你能！一切由你决定！

这是 NIKE WOMEN 为女性群体的代言，激发了女性对女性以及男性对女性的更多想象，塑造了女性的新形象，推动了人类文明的发展。

## 香港 HARD ROCK 餐厅以“你”之名的平面广告文案

关于穿衣，人们形成了很多约定俗成的规则。在大多场所倡导“衣冠不整者勿入”的时候，香港 HARD ROCK 餐厅推出了“请勿遵守规则”的文案。

香港 HARD ROCK 餐厅以“你”之名的平面广告文案

**HARD ROCK 只有一条穿衣规则——请勿遵守规则**

燕尾领带通通给我靠边站

这儿绝无限制

也欠虚伪

你大可纵情吃喝

跳个地暗天昏

只要你不怕出洋相

谁理你穿得怎么样

如果我们将这则文案和上一则 NIKE WOMEN 的文案对比的话，我们可以发现，香港 HARD ROCK 餐厅的这则文案是对人们着装规则的打破，是对人们就餐礼仪观念的重塑；上一则 NIKE WOMEN 的文案则是对女性服装传统的解禁，是对女性着装观念的重塑。两则文案都体现了以“你”为中心的思想，“你”才是这个世界上最重要的人。

文案创作者深知“你”的重要性，所以在文案中，他们一再将“你”描绘成自由和独立的人。他们希望借由唤醒和释放你内心的观念从而获得你的好感，他们希望借此成为你的“知音”，让你愿意因此“不惜重金”。

## 央视以“你”之名的励志公益视频广告文案

你是这个世界的唯一，你存在于这个世界，你创造了关于“你”的一切，你深深懂得“你”，也从未停下成为最好的那个“你”的脚步和努力。

不过，这一切你都从未和别人说起，也没有人主动和你发起这方面的话题。这正好为广告留下了一个机会，广告很乐意与你进行“心灵和灵魂的对话”。因为只有触及你的心灵和灵魂，才能将你“捕获”，达到广告的目的。

央视以“你”之名的励志公益视频广告文案

**再一次**

生活没有彩排

人生也没有裁判

总会有些时候满心期待换来的是失望

或者是不体谅

环顾四周

似乎只有你自己在徘徊

努力了

好像还是看不见希望

你甚至一度地认为

没有人比你更加地不如意了

渐渐地

你会开始不自信

不勇敢

不愿向前……

然而

每当这个时候

你都能在心中听到一个声音

清晰而坚定

再来一次

当生活的哨声响起

再一次，选择责任与担当

再一次，为成长积蓄力量

再一次，只为追逐的梦想更近一些

再一次，为了更多人能分享阳光

再一次，相爱在通往年轻的路上

再一次，坚守心中的完美

这一刻

每个平凡人

旧的自我离开

新的自我诞生

成功与否并不重要

因为这不仅仅是为了自己

我们总会在逆境中汇聚起再一次的能量

这个民族只会越挫越强

这个世界永远欣赏每一个敢于再来一次的人

再一次，为平凡人喝彩

这是央视站在民族崛起的角度，向每一个中国人发出的一篇号召式的励志宣言。这则文案从“你”出发，以“你”之名，以层层深入的排比与极富哲理性的文案语句深触你的心灵和灵魂，足以使你在失败的泥淖中越挫越勇，足以激起你作为民族一员的责任与担当。

## 1.3 我们

不管如何，在文案中出现人称代词都是为了拉近与受众的距离，让我们觉得广告诉求的内容就是在我们身边人身上发生的事，不会觉得抽象，让我们感觉到人性的温暖。

原本“企业”是一个抽象的概念，我们看不见摸不着，但它可能通过一间工厂、一堆机器、一幢楼房、一片场地、一队车辆、一些店铺或者一些人，抑或通过一种运营模式、一种服务或者一个产品而具象。

企业本身是生硬的、没有人性的，但企业文化是柔软的、温暖的。

随着商业文化的发展，企业也不断尝试构建自身的文化，企业也逐渐具有了自身的价值观和道德观。有了追求和个性，企业越来越像一个活生生的人，拥有越来越多的“人”的属性。

当然，换一个角度来说，不管是什么样的企业，都是由人经营的，由人来具体运作的，企业的每一个表现都是其幕后经营者运营策略表现的结果。所以企业是带有经营者印记的，极端一点来说，有什么样的企业经营者就会有什么样的企业。

当我们看到企业宣传的时候，其实从一定意义上而言也是企业经营者在向消费者进行宣传，而文案就像是企业经营者关于企业或者产品的宣言。随着广告业的发展，文案的诉求方式和角度虽然越来越多元化，但是在当前大量的广告中，比较明显的“企业经营者宣言”式广告仍然占据一定的比重。

## 以“我们”之名的短文案

在文案中出现的“我们”，一种情况是指代广告主自身，另一种情况是指代广告主和受众双方，以下我们对这两种情况分别进行阐述。

### （一）“我们”指代广告主自身

广告语是企业或品牌长期使用的宣传口号，以“我们”为名的广告语就像是企业经营者向社会大众发出的呼声，是企业经营目标和经营宗旨的表现，也是企业向消费者做出的保证。

以“我们”之名，企业就是“我们”。通过文案的表现，企业不再是无情和生硬的，而是由活生生的人构成的一个社会群体，它致力为人们服务，创造更美好的世界。

● 爱多电器：我们一直在努力

在科技发展日新月异和竞争日趋激烈的世界，要博取公众的好感和支持，唯有不断地努力，努力为消费者提供优质的产品，也努力承担相应的社会责任。爱多电器的这句广告语堪称经典，可惜爱多电器已是明日黄花。

● 飞利浦：让我们做得更好

消费者追求的永远是最优和最好的产品，企业也希望能为消费者提供更优和更好的产品，以在激烈竞争的市场中获得更大的份额。特别是在科技产品领域，发展没有尽头，唯有不断突破，才能留住“永不满足”的消费者。

● 格力空调：我们为你想得更多

消费者是挑剔的，产品的每一个细节都可能会给消费者带来不好的感受。不管企业提供的是什么样的产品和服务，消费者都会货比三家。一家企业唯有比其竞争对手考虑和付出更多，才能在市场上立足。“我们”为你想得更多，“我们”更物有所值。

● 神州电器：我们想的比你更多

“做消费者满意的产品”，这是不对的。产品要赢得消费者的青睐，必须要令消费者达到超过 100% 的满意。企业要做的不是仅仅让消费者满意的产品，而是要做超越消费者 100% 满意的产品。企业要给消费者不断带来惊喜，消费者才会“爱上”企业的产品。否则，任何企业都是“可有可无”的。

● 联想：每一年，每一天，我们都在进步

进步是不分阶段的，进步应该表现在每一天的点滴中。一家企业想要成为全国乃至世界领先的科技型企业，唯有时刻追求卓越。

● 艾维斯汽车租赁：我们是第二，所以我们更努力

语言是一门艺术，从不同的角度、以不同的方式或者使用不同的词语表达，会产生不同的意义，达到不同的广告说服效果。因为“我们是第二”，所以我们会尽力为您提供更好的服务。这是广告史上经典的广告语，至今仍然不失光彩。

● 雪佛兰：我们将你放在第一，你也会将我们放在第一

这是一句坦诚的话，塑造企业诚实造车的品牌形象。只要企业用心了，消费者就一定感受得到。企业关心消费者的感受，致力带给消费者最好的感受，消费者就会为企业的付出“买单”。

● 某咖啡店：我们没有 Wi-Fi，和你身边的人说说话吧

朴实、温情和感人，这是我个人喜欢的广告语。咖啡能营造氛围，活跃脑细胞。咖啡店带来的不是一杯咖啡，而是一种生活方式、沟通方式和精神满足，放下手机，关注身边人的感受。不要借助手机，和身边的人面对面吧！

### （二）“我们”指代广告主和受众双方

广告主不再将自身与受众进行对立，企业和受众成为“共同体”。这种表述方式不仅更易于拉近企业与受众之间的距离，还会让受众产生一种企业好像能与其感同身受的“错觉”，受众自然而然就接受了企业品牌。

● 联想：因你我各尽所能，我们终将无所不能

“我”是联想品牌，“你”是尊贵的受众。我只管为你提供优质的产品，你

只管尽情发挥产品的功能。我们各司其职、强强联合，终将所向披靡，无所不能。此时，联想和受众明显成为紧密联系的共同体。

- 匡威：当我们在一起时，我们都更强大了

这是匡威形象广告宣传片片尾的一句文案。匡威主打年轻人市场，在年轻人心中，爱情的力量是神秘而强大的，当年轻的情侣们穿上匡威情侣款的服装，相爱的双方成为彼此坚实的后盾，此时，以情侣为"我们"，则当我们在一起的时候，我们自然也都变得更加强大了。同时，这句文案还暗含另一层意义，即穿上匡威的人们和匡威这个品牌成为一个整体。当你穿上匡威的时候，"我们"都同时更强大了。

- Innokids：纵使生活教我们认清了它的真相，它依旧值得我们去爱得热泪盈眶

"我们"可能比其他称谓都要亲切，这一称谓可以将原本毫无瓜葛的你、我、他联系在一起，成为一个共同体，这让平淡无奇的文案更具亲和力。这句文案就极具亲和力，很容易让受众在内心深处产生共鸣：尽管我们一同遭受过生活的残酷洗礼，但我们依旧热爱生活，生活也因为我们而富有意义。当我们努力之后，一切都会显得更加珍贵和值得。

## S&W 罐头食品以"我们"之名的文案

一份罐头食品应该怎么做？一份罐头食品是怎么生产出来的？S&W 罐头食品的文案对该罐头品牌的选材过程进行了描述，文案的内容就像来自一群每天在厨房默默工作但非常挑剔的厨师们的心声，他们工作的厨房里没有污染，也没有喧哗，一切都严格有序进行，只为给人们生产出最好的罐头食品。

S&W 罐头食品以"我们"之名的文案之一

**我们添加的唯一的东西就是盐**

（画面：一条大鲑鱼，身上套着 S&W 罐头标签）

我们公司的鲑鱼没有必要添加油料以增其汁味，因为它们都是特别肥

大的鲑鱼。这些健康的鲑鱼，每年溯游到菩提山之北的长长河川。

如果我们在蓝碧河选不出理想的鲑鱼怎么办呢？

我们会耐心地等到明年。

为什么？

因为如果不是完美的，不会被 S&W 装入罐头。

S&W 罐头食品以“我们”之名的文案之二

**从 50 颗大粒的桃子里，S&W 精选出 5 颗**

（画面：一堆平铺开的桃子，中间有 5 个空白）

光是最好的还不行。S&W 挑选桃子的条件是：全熟，又圆又肥大。多汁而甘甜是理所当然的。以此标准挑选出来的桃子，自然不多，而能贴上 S&W 标签的，更是经过精选后的少数。

我们坚守此要求：S&W 不会把不完美的东西装入罐头。

S&W 罐头食品以“我们”之名的文案之三

**一颗 S&W 豆子的际遇**

（画面：一颗豆子经过重重检查进入罐头。文案正文的每一句话，对应一道检查程序）

这是叫作“完美”的特别品种，在西部广阔丰沃的土壤中育成，在它非常鲜嫩时就要采摘，它外皮的柔软度要经过测试，它的成熟度要用我们的圆熟度计来证明，它如砂糖般的甜美要由我们的老手亲尝。

当它在这些方面都无懈可击时，这粒豆子才能获得 S&W 的标签。

（这是无上的责任）

但是，如果它是不完美的，就不会被 S&W 装入罐头。

**S&W 罐头食品以“我们”之名的文案之四**

**我们把大鱼放生**

（画面：一位渔夫惋惜地看着一条被钓起来即将放生的大鱼）

小金枪鱼，简直就像小羊、小豆子、嫩玉米粒一样柔嫩。因此，S&W 绝不用大金枪鱼制作罐头。您把 S&W 的罐头打开，一定会发现里面是多汁的小金枪鱼。

那如果捕到的都是大鱼呢？很简单，S&W 就不把它装罐。

为什么？

因为，如果是不完美的，就不会被 S&W 装入罐头。

一家有社会责任感的企业往往聚集着一群富有社会责任感的人，他们是这个社会的绅士，他们通过产品的生产或服务的提供来体现他们为社会承担的责任。利益的争夺是永无休止的，而责任的体现则蕴含于企业运营的每一个细节中。

广告中的“我们”应该是什么样的人，代表了什么？象征着什么？这是企业能否获得消费者信赖和尊重，进而赢得市场的关键。S&W 罐头食品的文案表现的产品的选材过程，从本质上体现了其企业经营观念，是“我们”为消费者用心考虑的点点滴滴。

## 爱慕保暖内衣以“我们”之名的视频广告文案

我们每个人都是独立且孤独的个体，冰冷的社会早已令我们在工作中习惯孤独，但生活中总有一份温情能够驱散我们心中的寒冬。

这一份温情源于亲情、爱情和友情……情感的温度使天生怕冷的我们变得无畏寒冬。一个品牌或产品倘若被成功赋予了情感内涵，那么它在人们心中一定是有温度的存在。

爱慕保暖内衣品牌将产品特性直接升华为情感特性，相比于强行植入的情感营销方式，这样走心的文案表达更能引发受众共鸣。

爱慕保暖内衣以“我们”之名的视频广告文案

**我们可能天生怕冷，但我们天生就会拥抱**

从无话不说，变成无话可说

盼你长大，又怕你长大

面对面，变成有机会见面

我们都忘了点什么

忘了我们每天需要

四个拥抱来生存

八个拥抱来维持

十二个拥抱来成长

拥抱天伦

拥抱依恋

拥抱久别的味道

拥抱爱人的温度

拥抱亲密

我们可能天生怕冷

但我们天生就会拥抱

广告片利用四种微妙关系折射出人的一生，渐行渐远的年轻夫妻、独自带孩子的父亲、即将重逢的恋人以及共享夕阳之美的老夫妻，他们都面临着人生不同阶段的“挑战”，他们似乎都忘了如何与对方交流。

文案则利用简短的话语转折，将爱情和亲情当中的状态转变和纠结心态表达得淋漓尽致。当我们意识到这些情感可能正在出现问题的时候，文案提醒我们用“拥抱”去化解这些问题。

拥抱的同时你会感受到来自家人和爱人的温暖，爱慕保暖内衣的保暖特性也能给人带来温暖。无形之中，产品的功能与“拥抱”这样能够激发情感共鸣的词汇联系在了一起，提醒我们不忘拥抱，品牌也因此散发丝丝温暖。

## 中兴百货以“我们”之名的新年文案

其实当说出“我们”的时候，广告主已经将自己和受众放在了同一个立场，正如我在这里所说，我以“我们”的名义描述的时候，其实是表达我和你之间没有距离和隔阂，我希望能与你产生共鸣。

是的，其实企业和消费者并不是对立的，我们共处于一个世界，感受同样的灾难和发展，经历一样的痛苦和欢乐，同属于散落人间的个体。

当然，企业的经营者和工作人员也同时是这个世界的消费者，而消费者也在为这个世界提供生产或服务工作，我们在不同的时间和不同的地点转换着“服务与被服务”的角色。我们原本没有区别，我们原本就不曾对立。

20 世纪的最后一年，中兴百货用一则文案对世界许下了愿望，这个愿望也是大家的愿望，不管企业（经营者或员工）还是消费者，我们共同希望拥有一个美好的世界。

中兴百货以“我们”之名的新年文案

**20 世纪的最后一年**

我们愿望生活奇妙得像爱丽丝梦游仙境

我们愿望人类的关系有一种安哥拉毛衣的温暖

我们愿望餐餐都有营养的胡萝卜

我们愿望乌龟继续向傲慢者挑战

我们愿望花花公子为宇宙带来欢乐和平

我们如此愿望，以地球上最可爱的兔子之名

文案是美好文字的编织，能给人带来美的感受。企业不断地通过广告来展现自我，我们则依靠自身各方面的感受来判断和选择企业。如果企业能用心为消费者提供产品和服务，不再将自身与消费者对立起来，不再通过信息不对称来获得阴暗的收益，那作为“我们”的消费者和作为“我们”的企业（经营者或员工），就会真正地成为共同的“我们”，一同构建一个美好的世界。

# 第2篇 内心

## 2.1 自己

自己不是别人眼中的我，而是自己内心深处的那个“我”。“自己”和别人看起来的“我”或许完全不是同一个人。

能打动人的文案大都需要从受众的内心出发，找到刺激受众内心需求和欲望的诉求点，从而引起受众的情绪反应。所以，从根本上来说，能够真正打动受众的文案都是针对受众“自己”的。

本书中其他走心文案打动受众的方法，本质也都是如此。所以，如果可以武断一点来说的话，品牌文案其实质上都是以（受众）“自己”之名的。在本节中，我们只是就直接以“自己”之名的文案进行评析。

### 以“自己”之名的短文案

直接在广告文案中激发受众关注“自己”，这是比较具有鼓动性的。年轻人正是血气方刚的时候，他们是比较容易被鼓动的。所以，在针对年轻人的产品广告中，这一类广告文案比较常见。

● 361°：勇敢做自己

勇敢做自己，不是按别人的期望或者要求来做，而是按自己内心的想法来做。对于被要求和被期望太多的年轻人来说，他们内心大都有强烈的“做自己”的思想，只是往往缺少他人的理解和鼓励，而年轻人的这一“心结”正好被广告商看到了。

● PUMA：Always be yourself（做好你自己）

做好你自己，或者说永远做你自己。相对于“勇敢做自己”，这更进了一步。当你开始追求属于自己的理想，走自己道路的时候，不要受到他人的影响，坚持做自己。

● 金莱克：相信自己

只有相信自己，才能够做自己。不相信自己，就只能按照别人的要求来做。年轻人，如果想要活出自己理想中的样子，唯有相信自己。广告主很清楚年轻消费者的需求，作为年轻人，你内心深处梦寐以求的“精神支持”，广告主毫不吝啬地给你。

● 贝克啤酒：喝贝克，听自己的

初入社会的年轻人，是听从父母的，还是听从朋友的，是听从领导的，还是听从同事的……各种压力和挫折随时会动摇年轻人对个人观点的坚持。啤酒是宣泄情绪的工具，当你需要宣泄情绪的时候，当你需要鼓励和支持的时候，喝贝克吧！

● QQ 阅读：读懂书中的别人，找到本真的自己

喜爱阅读的人，都很享受能够读懂书中所描绘的人物故事的那种美妙感觉，我们总是向往书中某个人物的生活方式，或许是因为他／她活成了我们想要的样子。有时，书中的人物仿佛也变成了我们自己，我们能够与之产生共鸣。

在读懂他人之后，我们需要的是找到最真实的那个自己。

● 雀巢：我找的是另一半自己，不是搭帮过日子而已

现在的年轻人似乎更懂得追求自己内心所想，他们很清楚自己真正需要的是什么，他们也希望能找到真正与自己灵魂相契合的伴侣，他们已经彻底摆脱了搭帮过日子的心态。雀巢咖啡也和他们一样，找的是另一半自己，而不是随便的某个他人。

● 网易云音乐（乐评）：年轻时我想变成任何人，除了我自己

年轻时的我们，总幻想自己能在某一天有所改变，变成理想中的那个人，或者变得和明星一样优秀。我们想变成其他人，不想再面对现在不能令自己满意的模样。这其实道出了很多普通人的心声。既然不想变成“自己”，那就加把劲吧，不给岁月留下遗憾。

● 中兴百货：脱掉衣服之后，你不知道自己是谁；

中兴百货：脱掉衣服之后，你才知道自己是谁

这是比较有哲理的两句话，也是中兴百货曾经的两则平面广告的标题。要真正了解自己，就应该“脱光衣服”，卸下所有的装扮。对于在各种伪装下“存活”在现代社会的人们来说，当你“脱光衣服”，面对“赤裸裸”的自己的时候，或许你就完全不知道“自己”是谁了。这确实是挺悲哀的事情，我们还是好好穿上衣服吧。

## 中华汽车以“自己”之名的视频广告文案

每当我们快要撑不下去的时候，我们总会对自己说“还是对自己好一点儿吧，不要对自己太苛刻了”；每当我们付出太多，却得到太少的时候，我们总会对自己说“还是算了吧，不要太委屈自己了”。这是人的普遍心理，文案创作者似乎也看到了这一点儿。在中华汽车的品牌文案中，创作者就反其道而行表达了这样的“人生观”：当你已经成功和富有的时候，你应该对自己好一点儿了。

中华汽车以“自己”之名的视频广告文案

**您对得起自己吗？**

事实上，经过多年努力

您已经是精神睿智的社会精英

事实上，经过多年努力

您的事业成就，深受肯定

事实上，经过多年努力

您有充分的能力，享有值得的一切

但是，您却忽略了一份自己应有的尊荣

中华汽车请您犒赏自己

尊重自己，甚至是敬畏自己。在你成功的时候，你值得拥有一辆中华汽车。当然，或许你应当拥有一辆凯迪拉克。在“以‘尊贵’之名”一节中提到的凯迪拉克的经典品牌文案，文案创作者其实也是这么表达的，“你应当让自己看起来更尊贵，因为你自己值得这份荣耀”。

## 2.2 孤独

茶与咖啡能带给人短暂的安静和放松，能让我们的心静下来，静到能与自己对话。有茶与咖啡的陪伴，一个人独处的时间会成为一种享受，一次精神的洗礼。

人需要独处，需要自己与自己对话。每个人的一生都是孤独的，只有自己与自己走完一生，没有人能替代自己完成身体与灵魂的修行。我们需要随时停下来，关心自己的身体和灵魂，让身体和灵魂同步，身心健康地走过人生的每一个阶段。

从这个角度来说，真正的修行者，是幸福的，他们随时随地在与自己的身心对话，享受安静的独处时光，而作为都市里的我们，只能忙里偷闲，在偶遇的时间和地点才能求得灵魂的安宁。

在茶与咖啡的广告中，文案创作者常常以“孤独”之名来写作文案，希望与都市中忙碌和不安的人们取得共鸣，让人们给自己多一些时间和空间，来享受茶与咖啡的时光。

## 以“孤独”之名的短文案

● 凯爵啤酒：哪怕万劫不复，也胜过人海孤独

人类本身是群居动物，孤独也许是令我们最为恐惧的“黑暗力量”。

一个人逛街，一个人吃饭，一个人去医院……人们内心可怕的孤独感来源于周围那些和你形成强烈反差的参照物。人海之中，每个人都有自己的小群体，在人来人往的俗世中，只有你一个人定格在了那个位置，无人过问，仿佛透明人一般，这可能就是所谓的人海孤独吧。

所以，凯爵啤酒告诉我们，宁可万劫不复，也不要忍受人海孤独的痛苦煎熬。那么，就沸腾起来，热血一次！

● 百雀羚水光弹润系列：独处不一定酸楚，也可以和自己相处

手机渐渐填满了我们的生活，一部手机使人与人之间的距离越来越远，越来越多的人习惯独处，慢慢远离现实中的社交生活。每当我们落寞的时候，孤独感也就随之袭来，似乎自己已经被世界抛弃了一样。

其实在孤独落寞的时候，我们还忘了一个“人”的存在，那就是我们“自己”。我们可以和自己交流，和自己相处，驱散孤独与酸楚。百雀羚致力品牌年轻化，该文案直击当代年轻人的生活现状和内心痛点。

● 江小白：所谓孤独就是，有人无话可说，有话无人可说

有人无话可说，有话无人可说，可能是两种极端孤独的情形，而江小白居然把它们同时写进了文案。

第一种情形是，身边明明有一个或多个熟悉的人，但你却找不到任何可以和他／她说的话；第二种情形是，你有好多心声需要去倾诉，可是翻来覆去地想，天下竟然找不到一个你可以倾诉的人。这两种情形，堪称孤独的最高级别了。

● 江小白：孤独不在山上而在街上，不在房间里而在人群里

江小白的文案是能洞察人心的，除了上面一则，这则文案更是犀利。就如同凯爵啤酒“人海孤独”所蕴含的意义一样，一个人独处一方的时候算不上孤独，在人潮拥挤的时候落单才是无可救药的孤独，真是没有对比就没有伤害。

● 佳能《冰岛 48 小时之无尽之境》：我想要的旅行，是经历一个人的孤独，也经历着孤独的馈赠

以“旅行”之名，享受孤独的馈赠。不同的人予以孤独不同层次的解读，但对于孤独的态度，往往不外乎两类：一类是享受孤独，另一类是厌恶孤独。喜欢独自旅行的人应该是最会享受孤独的人，他们在旅行途中体会一个人的孤独，但同时也在享受着孤独的馈赠。每一段孤独的旅程，都会给他们的身心带来一次重塑。

## 左岸咖啡馆饮品以“孤独”之名的文案

“左岸咖啡馆”是台湾统一旗下的一个饮品品牌，这一品牌借用以聚集了无数文人的法国塞纳河左岸的咖啡馆的名义，直接取名为“左岸咖啡馆”。该饮品品牌拥有大量的经典广告文案，本书在多处对其相关主题文案进行了分享，本节我们首先赏析其以“孤独”之名的文案。

对于人生，独处是一种修行。我们可以在独处中品味和享受孤独，不断升华我们内在的精神世界。在左岸咖啡馆的文案中，就曾出现大量描写一个人在虚拟中的左岸咖啡馆独享咖啡的时光，每一则都独具韵味，我们选出其中三则来分享。

**左岸咖啡馆饮品以“孤独”之名的文案之一**

我在这里

找到一个角落

一个上午，一杯 CAFE AU LAIT

CAFE AU LAIT，一如记忆里的模糊地带

这是春天的最后一天

我在左岸咖啡馆

这是左岸咖啡馆的一则视频广告文案，文案很短，却隐含无限的精神内涵，“角落”“CAFE”“记忆”“模糊”“最后一天”，每一个词都能唤起我们曾经的记忆，让我们再一次与自己的灵魂对话。

**左岸咖啡馆饮品以“孤独”之名的文案之二**

等到角落里的那个客人回家之后

咖啡馆里就只剩我一个人了

咖啡馆里最后的一位客人

拥有一项特权

可以挑选自己喜欢的音乐

同时，侍者会再端上一杯咖啡

表示他并不急着打烊

我在左岸咖啡馆

一个人慢慢等待打烊

这是一则平面广告文案，几行短短的文字，描绘了“一个人的咖啡馆”时光：一切都不紧不慢，一切都停了下来，没有人关注和催促自己，自己也不担心下一秒钟要去哪里。就这样，安静享受咖啡，享受一个人的空间。

**左岸咖啡馆饮品以“孤独”之名的文案之三**

下午五点钟

是咖啡馆生意最好的时候

也是最吵的时候

窗外一位默剧表演者
正在表演上楼梯和下楼梯
整个环境里
只有他和我不必开口说话
他不说话是为了讨生活
我不说话是享受不必和人沟通的兴奋

我在左岸咖啡馆
假装自己是个哑巴

自己的咖啡时光，不用和任何人说话，不用理会任何人，这是嘈杂喧嚣的城市生活中难得的奢侈时间。做一个“哑巴”，只用眼睛观察这个世界，只需与自己的灵魂对话。一瞬间，世间美好和不美好的界限已全部消失。

## 光荫茶语茶品以“孤独”之名的文案

这是在互联网上流传较广的一系列文案，其写作形式和风格与左岸咖啡馆饮品类似，但左岸咖啡馆饮品表现的是一种享受和愉悦的感受，而光荫茶语的这一系列文案表现的是一种失落和抑郁的感受。

在我们的生活中，乐观与悲观，开放与内敛，积极与失落，开心与悲伤，都可能是我们独处时候的心灵状态。

光荫茶语在互联网上流传最广的有五则文案，我们选取其中三则来分享。

光荫茶语茶品以“孤独”之名的文案之一

**25 岁以后，我从不告诉别人我感到孤单**

突然不知道该往哪里走

在黑夜与白天交接的边缘

这个城市看起来如此陌生

我站在人群中

想不起在哪里失去了自己

从那天起我不再讨论“孤独”这个话题

每天晚上我都在地铁里遇到那个拉琴的人

我从不看他的眼睛

我开始喝茶

在晚上

我看到茶杯里有一轮月亮

这一则文案给人一种深夜顾影自怜的感觉，文案体现的孤独感带有深深的抑郁，文案中出现的词汇也多有沉重感，“黑夜与白天”“边缘”“陌生”“失去”“孤独”“眼睛”“月亮”，这些词汇营造了浓厚的压抑氛围。在尘世中游离太久，人的灵魂往往无处安放，独处或许可以给自己的灵魂稍许安抚。

光荫茶语茶品以“孤独”之名的文案之二

**水温 98℃，茶叶在水中复活**

我终于知道了答案

我没有为谁祝福

我只把自己锁在沉默里

没关系

生活依旧美好

只是这美好需要你不断地忘掉过去

正午

我为自己泡了一杯茶

茶叶突然间复活
在水中绽放开生命
天热得让人有些糊涂
阳光直射我的脸
泪就那么流了下来

同样，这则文案中的词汇，“锁在”“沉默”“忘掉过去”“复活”“糊涂”，尤其是最后一句“阳光直射我的脸，泪就这么流了下来”，让人有精神堡垒瞬间崩溃的感觉。人内心深深的孤独感表露无遗，或许这就是每个人生来孤独的写照。

光荫茶语茶品以“孤独”之名的文案之三

**我把自己丢了五个小时**

少有失眠的我在凌晨一点钟起床
拉开窗帘，细雨的步子在窗外蹒跚
拧亮桌灯，我仿佛看到了我的影子
在昏黄的地板上向后拉伸
“普通的一个晚上，我，怎么了？”
不知道何时泡好的一壶茶
从哪里找来一支秃头的毛笔
只知道我用儿时第一次
握毛笔的姿势在纸上画着……
“我，怎么了？”
凌晨六点，夜色、雨色悄然落在纸上
窗外微明，喝空茶的玻璃杯上
透透亮亮着一层薄薄的晨曦
一层

我早已陌生的颜色

五个小时，属于另外一个我吧

我这样想，但我不知道……

“失魂落魄”，是这则文案能带给我们的第一感觉。我们有时会找不到我们自己，我想这个世界的大多数人都找不到自己，或许他们早已放弃了寻找自己。想不起自己来，这或许是比较好的生命状态。因为当我们看到自己灵魂的瞬间，或许我们已经无法接受自己。我们不禁会扪心自问：“我，怎么了？”

当我们问“我，怎么了”的时候，或许我们已经无法自拔。

## 2.3 信仰

### 新加坡基督教协会的文案

在我的印象中，新加坡是美丽而文明的城市国家，下面让我们一起来看看新加坡基督教协会的一系列文案。

**新加坡基督教协会的文案**

上街请记得带着雨伞，今天我也需要灌溉花草树木。 ——上帝

假如你错过了今天我为你准备的日出，不要紧，明天我再为你准备。

——上帝

你怎会是自我创造的人呢？我特别记得清楚是怎样创造你的呀！ ——上帝

我当然有幽默感，我不是为你们创造了鸭嘴兽吗？ ——上帝

世界末日还没到，除非是我亲口说的才算。——上帝

我讨厌戒条，所以我只定了十条而已。——上帝

如果你认为“蒙娜丽莎的微笑”美丽绝伦，那么你应该看看我最重要的作品——在镜子里！——上帝

要是你所乞求的我全数应许给你，你哪有那么多地方摆放？——上帝

尼采已死。——上帝

我当然知道做人难，别忘了你是我做的。——上帝

酒后别开车，我知道你还不想见到我。——上帝

我是完美主义者，不信，你可以照照镜子。——上帝

结合这一系列文案，我的理解是这样的：上帝就在我们的生活中，上帝已经为我们考虑了生活的全部。上帝从不勉强我们做任何事情，上帝对我们没有任何期待与要求。你甚至可以忘记上帝的存在，不管他是否真的存在。只要你心中留有上帝的位置，就够了。你不用在意上帝会怎么想或者怎么看你。只要你心中有上帝，就不用在意其他。

这是我个人的看法，或许不完全正确。所以，我愿意不断自我批评和不断学习。

如果上面的一系列文案需要做一些解释，那我建议你认真地再读一遍，认真读，用心体会。真正的教义是不需要解释的，每个人都能领会。

## 左岸咖啡馆饮品以“信仰”之名的文案

在左岸咖啡馆饮品的众多文案中，有一则文案是以“信仰”之名的。我个人很喜欢这则文案，因为它写得很自然，完全没有刻意的味道。

### 左岸咖啡馆饮品以“信仰”之名的文案之“盲乐师”篇

常在广场演奏风琴的盲乐师，轻易穿过交错的街道，来到咖啡馆。他对咖啡馆的熟悉，超乎我的想象。

邻桌一位好奇的客人向侍者打听盲乐师的来由。“27 岁那年，随马戏团走遍各地的他同往常一样在走钢索前，没有忘记向上帝做祷告，在众人的注目下，才走出一步，便从钢索上落下……”侍者压低声音说，“他就失明了……”

侍者拿起一份晨报，向盲乐师走去。盲乐师从呢绒帽中取出几张彩票给侍者，侍者拿起晨报，熟练地为他兑起奖来。

经过一小阵交谈，盲乐师慎重地收起彩票，露出笑容。侍者为他披上大衣，点了根烟给他。

没多久音乐师便拿起他的手风琴奏起快板布雷舞曲，喜滋滋地走出咖啡馆。和进来时一样，他始终没有碰一下桌椅。

继续未完的话题：“那次意外后，他开始购买彩票而且一买就是 30 年：30 年来他从来没有中过一张彩票，今天也不例外。但他始终乐观，因他总说：‘上帝还欠我一次。’”

拥有虔诚的心灵，才可能成为一个有价值的人。基督徒都是上帝之子，是使世界变得更美好的人。上帝充满了基督徒的身心，不管经历什么灾难，基督徒都不会失落，更不会绝望。文案中坦然而乐观的盲乐师就是一个例子，他与上帝同在，“上帝还欠他一次”，上帝在他的心里，在他的身边。

文案有时也可以成为一篇感化人们心灵的美文，它并非总是直接地劝服我们去购买商品，而是通过“润物细无声”的方法拨动我们最敏感的心弦，让我们心生美好，感受与美好同时出现的品牌或产品。

在物质丰腴的今天，打动我们的并不是单纯的产品，而是与产品或品牌名同时出现的那些美好的东西，比如文案。

## 台湾大众银行以“信仰”之名的视频广告文案

上帝是公平的，上帝不会偏爱哪一个人。如果你相信上帝的存在，你就会相信这个世界的公平，你就能怀着平和与善良的心看待每一个人，如同上帝看他所创造的人一样。

**大众银行“不平凡的平凡大众”系列视频广告文案之“马校长的合唱团”篇**

马大山，校长先生。他不懂乐器，不懂乐理，但是他有一个合唱团。

十五年来，他坚持每天放学后教孩子唱歌。他像父亲一样，用歌声教他们长大。

他对孩子们说：你能唱出那么美的声音，就表示上帝对你与众不同。

那个大日子，孩子们吓坏了。校长告诉他们：闭上眼睛，张开嘴巴，只管唱出山上的你自己。

这一天，他终于让天使相信，自己就是天使。

关注，陪伴，相信

不平凡的平凡大众

台湾大众银行

在广告描绘的世界里，孩子就是天使，是上帝派来美化人间的天使。如果你相信，他们就是。每一个孩子天生不同，他们能为这个世界带来不一样的意义，这种意义是上帝所赋予的。

每一个普通和平凡的孩子，其实都蕴藏着不普通和不平凡，需要我们去“关注”，去“陪伴”，并始终“相信”。这也正是大众银行借这则广告想要向大众诉求的广告口号——“关注，陪伴，相信”。

我也相信，我们天生与众不同，这是上帝赋予我们的不一样的意义。

# 第3篇 尊荣

## 3.1 个性

这是一个张扬个性的时代，特别是对于青少年来说，他们正处于发现自我和树立自我的人生阶段，他们急于发现自己的不同和展现自己特别的才华，并从中找到成就感。

随着青少年的消费支出越来越高，商家也不断推出针对青少年的商品和服务，同时利用青少年希望体现个性自我的心理，设计迎合他们心理需求的广告文案。

作为行业中的新品牌，商家为了与市场上原有的领导品牌进行竞争，往往会提出差异化的营销策略，将产品定位为不同于领导品牌的新品牌，意图吸引乐于寻找新的不同感觉的消费者尝试购买。

另外，由于年轻人长期处于上一代人的教育和管理下，内心渴望独立和自由，长期以来形成了叛逆的性格，在观念和行为上刻意与上一代产生差异，追求不同。于是广告商就在广告中宣扬与众不同和打破常规的叛逆思想，希望与青少年产生共鸣。

随着广告所塑造的个性文化的发展，青少年追求个性的表现范围越来越广。在这种氛围的影响下，逐渐在年青一代中产生了各种亚文化，进而形成了各种族群。

## 以“个性”之名的短文案

直接在广告语中宣扬自身的品牌个性或产品与众不同的品牌很常见，在这些年的广告中，也出现了很多经典的广告语案例。这些广告语的诉求与表现虽大同小异，但都能引发青少年的共鸣，甚至不少广告语还成为青少年的座右铭。

- Apple：Think different（不同凡想）

这句广告语是乔布斯思想精华和苹果的品牌内涵，它催生了一个时代伟人，也催生了一个时代的伟大品牌。在“不同凡想”思想的指导下，整个世界都因此变得不同，整个商业领域发生了一次革命与进化。这一广告语，也堪称一个时代的伟大广告语。

- MOTO：世界因为不同

在摩托罗拉手机的鼎盛时期，年轻人是其主要消费者。它提出了“世界因为不同”的广告口号，意为“世界因为你我的不同，所以构成了一个多彩的世界，年轻人应该勇于追求和展现自我，成为世界的活力元素”。

- SONY：Like no other（与众不同）

在 SONY 的不同数码产品中，都以“Like no other”作为广告的诉求，如液晶电视的“Color，Like no other”，影像产品的“Image，Like no other”。它的广告均从不一样的角度展现 SONY 带来的与众不同的色彩和影像，这对于追求个性的年轻人来说，是很有吸引力的。

- 百事可乐：新一代的选择

百事可乐在 20 世纪 80 年代与可口可乐的竞争是商业史上的经典案例。百事可乐为了从可口可乐“一统天下”的市场上分一块市场，将目标锁定追求新鲜和不同的年轻人，提出了“新一代的选择”的广告战略。这一战略的执行持续至今天，使百事可乐成为年轻活力的象征，变相地将可口可乐暗示为一个传统和老气的品牌。

- 七喜：非可乐

七喜上市之时，则是百事可乐和可口可乐共同垄断碳酸饮料市场的时候，它面临两大品牌的强大竞争压力，如果“正面交锋”，势必失败。于是它避开正面交锋，而将自身定位为“非可乐”，意指其是一种不同于可乐的碳酸饮料，以给消费者一个在可乐之外的全新选择。如此一来，一句简短的广告文案便一下子将七喜汽水借助类别定位，处于和百事可乐、可口可乐并列的市场地位。这一广告文案的“战绩”是，七喜汽水在第一年的销售量增长了10%，而且以后每年都有增长。

● 七喜莫7托：非酒精饮料

“非酒精饮料”，该文案与“非可乐”的营销战略是一样的。“莫吉托”原本是含酒精饮料的代名词，而七喜所命名的“莫7托”却将自己定位为非酒精饮料，即希望将自己与“莫吉托”关联起来，又要将自己与所有品牌的“莫吉托”区分开来。这和当初七喜碳酸饮料的广告语一样，既想将自己与可口可乐和百事可乐关联起来，又想将自己与可口可乐和百事可乐区分起来，何其相似。

● 非常可乐：非常可乐，非常选择

非常可乐是娃哈哈旗下的一个产品，作为碳酸饮料的新晋品牌，在中国市场面临百事可乐和可口可乐的巨大压力，于是在品牌命名和广告语上都采用了“非常”策略，希望给敢于尝试新鲜的“非常”年轻人一个“非常”选择。不过，品牌商没有深入挖掘“非常”的内涵，也没有在广告表现上有所突破，其“非常”策略仍有很大的挖掘空间。

● 乔丹：凡事无绝对

服装是人们个性和态度的一个表现。运动服装主要针对年轻人，在接受了太多的格式化和模式化教育之后，年轻人希望拥有在思想、言谈和行为等方面的自由，乔丹服装品牌推出的“凡事无绝对”广告语正是为他们而代言。

● 美特斯邦威：不走寻常路

在中国，“不走寻常路”这句广告语一出现，就成为年轻人的口头禅。美特斯邦威也借助这句广告语成为中国服装领域的强势品牌，深得年轻人的喜爱。可以说，美特斯邦威因为这句广告语而瞬间变得与众不同。

● 特步：非一般的感觉

在年轻休闲服装品牌中，特步推出的广告语也曾广泛流传于年轻人中，

“非一般的感觉”带给了年轻人一种释放自我的畅快感，深受欢迎。

- Levi's：不同的酷，相同的裤

你很酷，意味着你个性鲜明，而不同的酷，则意味着你与所有酷的人都不一样。即使是同样的一条牛仔裤，你也可以穿出完全不同的样子，展现你完全不同的酷。可以说，年轻人穿的不是牛仔裤，而是“酷”。

- 马自达：每个人都是上帝的手稿，天生骄傲，各有不凡

这则广告文案没有像其他广告文案一样去标榜自己有多么与众不同，而是直接传递出“每个人都天生骄傲，各有不凡”的理念，不在意外界的看法，我只因我自己而不同，想必欣赏如此豁达的人生态度的“伯乐”都会选择马自达。

- Timberland：我选择没人敢走的路

“个性”等同于“出众”吗？证明自己与众不同的最好方式是勇敢无畏地选择其他人没走过也不敢走的路。年轻人往往有一种不服输的冒险精神，“明知山有虎偏向虎山行”，Timberland 的这一广告文案的内涵正好迎合了年轻人的这一个性特征。

- 台湾 104 人力银行：你未必出类拔萃，但肯定与众不同

企业需要什么样的人才？其实企业招聘往往不会依据单一指标，而是通过考核应聘人员的综合素质决定最终人选。你可能不是看起来最拔尖的那个，但你一定有与众不同的地方，或许企业需要的也正是你的与众不同。这样的文案不仅能获得年轻人的认同感，也会给年轻人增加求职应聘的信心与欲望。

## 马汀大夫鞋以“个性”之名的文案

“自信，固执，永不妥协”，这是马汀大夫（Dr. Martens）鞋的广告语。20 世纪，该品牌的靴子与鞋子尤其受到个性青年群体及其他各种青年文化群体的欢迎，一双马汀大夫的皮靴成为青年个性形象的象征。

### 马汀大夫鞋以“个性”之名的文案

**没有什么比这种感觉更好**

我单身

我收集沙子

我看弗洛伊德

我穿 Dr. Martens……

自信，固执，永不妥协

“不要告诉我做什么才是对的”

我逛二手店

我吃棒棒糖

我看 NBA

我穿 Dr. Martens……

自信，固执，永不妥协

“只有你清楚自己想要什么”

我走路

我听 UNDERGROUND

我喝白开水

我穿 Dr. Martens……

自信，固执，永不妥协

这个世界需要真正的青年，而不是大众的年轻人。“青年”这个词本身就具有革命的意义，在某种意义上其是指推动社会进化的热血青年，而非那些庸庸碌碌随波逐流的行尸走肉和无知之辈。

马汀大夫鞋广告文案中描绘的这一群体选择了“自信，固执，永不妥协”，他们就算不能给这个世界带来革新，也不至于让这个世界变得死板和萎靡。或许这也是具有民族振兴精神的中国青年的当下态度，马汀大夫绝对是他们的“支持者”。

### Apple（苹果）以“个性”之名的“Think different”经典视频广告文案

传言这是一个令乔布斯自己都感动落泪的广告，这是一段伟人的内心告白，在巨大的不解和否定的声音中，一个伟人终于改变了这个世界的观念，创新了一个时代。苹果正是在这一思想指导下，成为一个时代的伟大品牌。

**Apple 以“个性”之名的“Think different”经典视频广告文案**

这里有一些特立独行的人，他们与社会不同调，在方圆规矩中不协调，总是对事物有不同的看法，他们是规则的破坏者。

你可以引述他们的观点，或是不同意他们的见解，以他们为荣，或是鄙视他们。唯一无法忽视的就是忽略他们，因为他们改变了世界，使人类进步。

当时有人视他们为疯子，现在他们被视为天才。

因为不同凡想，才能改变世界。

我曾一度认为这则文案的经典程度和凯迪拉克的经典文案（在本书中有提及）齐肩，但如今我认为这则文案的打动力和冲击力更胜一筹。

我认为，这一则文案和“不同凡想”广告语、苹果品牌以及乔布斯本人一样经典和伟大。如果让我评选全球最佳广告文案，我会将这一文案列为第一。

我自己，也完全接受这则文案的思想，立志做一个“不同凡想”和改变世界的人，希望你也一样。

## 3.2 尊贵

当下，汽车和地产广告是比较喜欢以“尊贵”之名来进行广告宣传的，特别是汽车广告，只要是中高档轿车，大都将品牌和与尊荣华贵相关的词汇联系在一起。

在任何时代，人总有尊卑贵贱之分。“尊贵”与“财富”和“权势”是同义词，在广告中，一辆豪华汽车则是一个人尊贵的象征。

### 以“尊贵”之名的短文案

轿车本身就是一个人身份地位的象征，什么样的人开什么样的车，厂商深知这一点。当前，炫耀性消费已成为主流，人们喜欢被赋予尊贵的产品。很大一部分人的消费不再是“只买对的，不买贵的”，而是“但求最贵，不求最好”。在国内，高档汽车和奢侈品总是热销，而厂商也在广告中大肆宣扬品牌的尊贵感。

- 标致：王者之御

标致选用狮子作为品牌标志，因为狮子是自然界的王者。标志汽车也在塑造一个具有王者风范的品牌汽车形象。驾驶标致，你就是“人中之王”，你希望成为“人中之王”吗？

- 切诺基：赢家的风采

切诺基，大气的外形，强劲的动力，其外形本身就迎合了追求派头的男人的心理。拥有一辆切诺基，就能一展赢家的风采。

- 保时捷：你为风景停留，别人为你驻足

亮丽的风景是世人所追随的，可比风景更吸引人的是你尊贵的座驾，拥有一辆保时捷，别人将为你驻足，尊贵的你也将成为万众瞩目的焦点。谁不乐意站在聚光灯下呢？

● 奥迪：与尊俱来；

奥迪：每个风云时代，都有显赫里程碑

奥迪一直在塑造高贵稳重的品牌形象，这正好迎合了当前众多中产阶层的口味。一辆奥迪，成为人们炫耀自我的工具。广告商为奥迪贴上尊贵的标签，也相当于给奥迪车主贴上了尊贵的标签。

● 凯迪拉克：永远有更多的人期望得到它；

凯迪拉克：年年都有一个领袖，年年都是凯迪拉克

凯迪拉克，豪华汽车的代表，商业成功人士座驾的代名词。没有人不希望高高在上，而凯迪拉克正好能带给你这样的荣耀感。拥有凯迪拉克，你就是卓越的成功者，是永远的商业领袖。

## 凯迪拉克以“尊贵”之名的经典长文案

凯迪拉克，杰出商业人士的座驾。在凯迪拉克早期的广告中，曾有下面这样一则长文案，深刻地道出了凯迪拉克对于“杰出”的理解，以及对杰出人士的观点。这是一则极具震撼力和打动力的文案。

凯迪拉克以“尊贵”之名的经典长文案

**出人头地的代价**

在人类活动的每一个领域，得到第一的人必须长期生活在世人公正无私的裁判之中。无论是一个人还是一种产品，当它被授予了先进称号之后，赶超和妒忌便会接踵而至。

在艺术界、文学界、音乐界和工业界，酬劳和惩罚总是相同的。酬劳就是得到公认，而惩罚则是遭到反对和疯狂的诋毁……这一切都没有什么新鲜，如同世界和人类的感情——嫉妒、恐惧、贪婪、野心以及赶超的欲望一样，历来就是如此，一切都徒劳无益。

如果杰出人物确实有其先进之处，他终究是一个杰出者。杰出的诗

人、著名的画家、优秀工作者，每个人都会遭到攻击，但每个人最终也会拥有荣誉。

不论反对的叫喊如何喧嚣，美好的或伟大的，总会流传于世，该存在的总是存在。

凯迪拉克，致力为成功人士制造符合其身份地位的轿车。它将自身也比拟为一位杰出人士的代表，其文案似乎是在为杰出人士代言。这则文案就像成功人士的一篇宣言，是他们在获得成功之后的心声。每一句话都掷地有声，如同一位成功人士铿锵有力的演讲词。

也许这则文案的作者只是一位不知名的广告人，但是他却能深刻地理解杰出人物的状态和心路历程，完美地组织了文字，以文学作品中从未有过的气势写出这则文案，可谓痛快淋漓、一气呵成！

在所有我看过的汽车文案中，这则文案足够卓越，足以配得上凯迪拉克这个象征卓越的品牌。

## 3.3 誉美

没有人不喜欢听赞美自己的话，没有人不喜欢被吹捧和爱戴。除了本能需求，人们的购买动力更多来自内心的欲望。广告商通过溢美之词取悦受众，让受众处于虚荣心作祟的飘飘然状态，从而做出感性的购买行为。

### 以“誉美”之名的短文案

相对来说，女性是比较喜欢被别人赞美的，而化妆品正好是为女性而生的。没有哪一个女人不希望别人夸赞她美丽和漂亮，很多化妆品和洗发水品牌也是这么做的，它们的广告语都很直接，直接对千千万万的女性受众进行夸赞。

● 自然堂：你本来就很美

不管你怎么看自己，不管别人怎么看你，自然堂告诉你，“你本来就很美”。勇敢地化妆吧，不化妆的你原本就很美，化妆之后的你会更美。自然堂相信你！而你也一定相信那个相信你本来就很美的“人”，这个人就是“自然堂”。

● 丹姿：喜欢天生丽质的你

你天生丽质，丹姿喜欢这样的你，自然而美丽。相信你也喜欢那个说你天生丽质的“人”，这个人就是“丹姿”。如果你真的不觉得自己天生丽质，你可能会相信丹姿化妆品能让你看起来“天生丽质”。

● 养生堂天然维生素 E：就这么一直美下去

你很美，你使用了养生堂之后，你还会“一直美下去”。没有女人不心动，没有女人不希望永远年轻漂亮，没有女人不希望拥有驻颜术，让自己永远不老。

● 白丽美容香皂：今年 20，明年 18

这是中国广告史上经典的广告文案。人们可能不知道它来自白丽美容香皂，但可能只要听过一次就不会忘记这句广告文案。这句广告文案出来的时候，还没有“逆生长”的说法，而白丽美容香皂已经很形象地告诉爱美的女人，你用了白丽美容香皂之后，是会“逆生长”的。这是多么美丽的幻想。

● 玉兰油：肌肤与你，无尽可能；肌肤与你，越变越美

现在护肤还不晚！肌肤和你还有无限的可能哦，哪一个女人会对绝美的容颜不心动呢？玉兰油让你的肌肤与你越变越美。

● 多芬：You are more beautiful than you think（你比自己想象中更美）

每一个女性都是充满个性的特殊存在，不要给自己的容貌轻易下定义，你远比想象中更美。多芬会陪伴每一个独特的女性探寻更深层次的美丽，和你一起宠爱自己。

● 多芬自信基金会：看见更美的你

自信的女人最美！多芬，鼓励每一个女人发现更美的自己。你有更美的潜质，相信自己，表现自己。你原本就很美，你可以更美。相信我，你也会相信带给你自信的多芬。

这就是广告的世界，一切都很美！

## 麦当劳以“誉美”之名的文案

麦当劳以“誉美”之名的文案

**你的脸很小，一张刚刚好**

你的脸很小，用一张就很好。

省点纸巾，助力环保。

没有人会不喜欢被夸赞，如果有，那她/他一定是在刻意掩饰自己内心的喜悦。这是出现在麦当劳餐盘垫纸上的文案，文案可谓极简，但一定是一个聪明人写出来的。它不同于以往环保宣传所采取的呼吁口号式的简单粗暴形式，而是先说甜蜜的话语来让受众开心。在人们因为虚荣心被满足而“放松警惕”的时候，公益宣传“趁机”切入。

# 第4篇 情操

## 4.1 心灵

人心最有灵性。

你的内心不会撒谎，你的内心更不会欺骗你。

一切从“心”出发，只有自己的内心才真正明白自己，只有自己内心感受到的才是最真实的。

优秀的文案创作者为了打动人们，总是试图从人的内心出发，将品牌描绘成一个能带给人们内心美好感受的事物。因为人们的生活和体验，不仅仅在于生命的延续，也在于获得精神的愉悦感受。生活中，人们购买的许多商品其实并不是人们生活所必需的，而仅仅是为了借其获取心灵上的抚慰。

以“心”之名的广告，在烟草和汽车广告中较为常见，通信运营商的广告也有这样的表达，比如中国移动的“沟通从心开始”，除此之外，本节还将分享台湾远传电信的视频文案。

### 以“心”之名的汽车 / 摩托车品牌短文案

驾驶汽车或摩托车，在夏日阳光和清风中飞驰，顿时让自己身心愉悦。广告商也竭力通过广告画面和广告文案让人们着迷于这种感觉，刺激人们购车的欲望。

● 大阳摩托：心随我动，大阳摩托

酷炫的摩托车，是少年的梦想。用摩托车载着朋友或心爱的女生在风中疾驰，找到一种年少轻狂和放飞自我的感觉。一辆摩托车，让少年们“说走就走”，给他们带来一种完全自由、自我的感受。

● 别克君威：心致、行随，动静合一

成熟与成功的男人，宜静宜动，能很好地控制自己的情绪与行为，不受周遭环境的影响，有一个超然的心灵境界，这样的人正是别克君威的目标受众，而别克君威也希望带给他们这样的感受。

● 千里马：心有多野，未来就有多远

驾驭一辆千里马汽车，自己也做一匹千里马，追求高远的人生目标。释放人类的自然野性，勇敢地追求梦想。千里马，与你一起前行！

## 大众汽车以“心”之名的品牌形象广告文案

大众汽车曾在中国推出一则具有里程碑意义的视频广告，时间约为 4 分钟，将它在中国上市的所有车型通过驾驶情景一一展示，每一款车型对应了一个带有“心”的偏旁部首的字，这些字分别为“忠”“志”“恳”“态”“惠”“想”“聪”“慧”“悠”“感”“恣”“惹”“爱[1]”。

**大众汽车以“心”之名的品牌形象广告文案**

忠、志、恳、态、惠、想、聪、慧、悠、感、恣、惹、爱……
有多少心，用多少心
中国路，大众心

“有多少心，用多少心。”这则广告真正用心地看待每一款大众车，看待每一个驾车者和他们的家庭。这是一辆“大众”车，是关注大众内心感受的

[1] 爱，汉字“爱”的繁体字。

车。视频广告的画面没有华丽之感，广告文案的文字也很简单，没有张扬，没有吹嘘，文案创作者用一颗朴实的心创作了一则经典的广告文案，也塑造了大众车经典的品牌形象。

## 远传电信以“心”之名的视频广告文案

世界上最远的距离，不是时空的距离，而是人们之间心与心的距离。

在台湾远传电信的视频广告中，对距离做了形象的比喻，让我们深深体会到人和人之间的距离感，感受到了人与人的冷漠无情，也感受到了人与人之间的“心心相依”。

### 远传电信以“心”之名的视频广告文案之一

（字幕）

距离 102 公里（画面：课桌三八线）

距离 734 公里（画面：酒桌拒酒）

距离 2462 公里（画面：舞池无心）

（电话女声）“宝宝已经睡了，可爱得不得了。”

（字幕）“距离 0 公里”

心没有距离，世界没有距离。

现在你在想谁?

只有远传，没有距离。

### 远传电信以“心”之名的视频广告文案之二

（字幕）

距离 380 公里（画面：课桌三八线）

距离 5017 公里（画面：影星合影）

距离 8173 公里（画面：同床异梦）

（电话女声）“我想告诉你，今天晚上台北的月亮……”

（电话男声）“我看到了……好美。”

（字幕）“距离 0 公里”

心没有距离，世界没有距离。

现在，你在想谁？

只有远传，没有距离。

“现在，你在想谁？”

就算你和他在空间上相隔千万里，但只要你们相互想念，你们之间就没有距离。

“现在，你的身边是谁？”

如果你们只是相互敷衍，没有用心对待，那你们之间就如同相隔千万里。

远传电信，用爱沟通，用心体会，多远的距离都不是“距离”。

拨一个电话，传达心意，让距离消失。

## 4.2 阅读

在我的理解中，一切事物与阅读或知识联系在一起，那都是值得尊崇的。助学公益广告中说“知识改变命运”，而我认为一个人的命运或许不能因为知识而改变，但毋庸置疑的是阅读或知识能提高一个人的涵养，构建一个人的品位。

我以读书为荣，也以获得顿悟感到欣喜。我想很多广告人特别是广告文案人员也与我有共同的认识，所以众多闻名的广告文案以书来衬托品牌，以智慧来包装品牌。

阅读和知识都是能推进和美化这个世界的，和阅读与知识同行的品牌也能美化这个世界，至少他们尝试这样做了。

当然，我一再强调“广告就是广告”，广告是为商家盈利的最为聪明的手段，但是相比于庸俗的广告来说，美好的广告总是受人喜欢的，他们所服务的品牌也会收获受众更多的好感。

现实生活中，借用阅读或知识来创作的优秀广告文案很多，在本节选取几则来与大家分享。个人认为只要在广告文案中去表现阅读（书籍）或者知识，都会使整个广告获得受众的好感。

## 以“阅读”之名的短文案

喜欢阅读的人，都应该是幸福的。我们可以在文字的海洋中感受到不一样的生命气息，看到人类和全宇宙的神奇所在。

● 微信读书：让阅读不再孤独

阅读是能让人放松和愉悦的事，但是如果只是一个人的阅读和领悟，却没有人值得分享，或找不到人分享，那也是件让人觉得孤独的事。微信读书，洞察阅读者的心声，希望为喜欢阅读的人们提供一个纵情分享阅读喜悦和感受的平台，找到彼此交流和分享的“读友”，让阅读更加有趣。

● Kindle voyage：让文字穿越光亮与黑暗

我们总会在人生旅途中迷失自我，此时生命陷入黑暗之中。阅读，总会给我们带来新生。对于笔者来说，每当找不到前进的方向和力量时，我就会在书海中“穿越”，并且每次都能找到一本指引自己的书，感谢那一个又一个我这一生都可能不会见到的作者。在此，我也希望通过自己笔下的文字，带给读者一些光明和力量。Kindle 在这里表现得像一位智者，一个被智慧加持的品牌。

● Jeep：想读完很多书，让自己成为他们永远也不想读完的一本书

阅读和旅行，都能让人们的灵魂越来越丰满。Jeep 曾有一句广告文案，

“没有故事，不成人生”。当我们读完一本又一本的书，当我们走过一段又一段的旅程和人生阶段，我们自身也就会成为一本故事满满的书，会成为一个值得人们深深挖掘的宝藏。Jeep 宣扬一种阅读和行走的品牌主张，推动其车主和未来的车主成为更有见识和更有深度的人。

## 左岸咖啡馆饮品以“阅读”之名的文案

生活中，咖啡与阅读总是联系在一起的，所以左岸咖啡馆饮品品牌有多则广告文案都描绘了阅读的场景。

左岸咖啡馆饮品以“阅读”之名的文案之一

这是五月的下雨天，
我在左岸咖啡馆。

不知不觉地，
又一次阅读，
才发现文字的美。

湿润的何止是目光，
还有心情。

“雨天”“咖啡馆”“阅读”，这三个元素营造了一种“湿润”的情绪，有淡淡的孤独感，淡淡的忧伤感，还有浓郁的文艺气息。这应该迎合了文艺小青年，特别是文艺小女生的心理需求。如果没有书籍，只有雨天和咖啡馆，是不够的，因为那样难免会有轻佻和情欲的荡漾，而有了阅读，文艺气息和文化品位才得以体现。

左岸咖啡馆的文案是典型的描述性文案，很有张爱玲小说的语言风格，通过一个场景的精心描绘，营造出一种特别的氛围，让人完全沉浸其中，身心完全释放，灵魂瞬间得到安宁。下面这一则文案是典型的代表。

左岸咖啡馆饮品以“阅读”之名的文案之二

**遇到一位读到“L”的工人**[1]

咖啡馆的隔壁就是图书馆。

大家总是先去借本书，

再到咖啡馆里自己习惯的位子。

然后年长的服务生会端一杯口味习惯的咖啡

悄悄放在你的桌上。

如果有人弄错位置，那一定是新客人。

光线最好的角落，

属于那位五十左右的蓝领阶级。

他惯常维持谦虚有礼的样子，

但从不与人攀谈。

今天他读的是《狼潘论》(*Lupus Theory*)，

记得他前天还在读

《伐木工人守则》(*A Lumberjack's Handbook*)，

再上次好像是

《瑞士雪车制作法》(*Luge Production*)，

真是独特的阅读方式。

由于好奇，就到图书馆的架上查看。

我简直不敢相信自己的发现：

《伐木工人守则》正紧贴在《瑞士雪车制作法》的后面，

[1] 在不影响原文案意思表达的前提下，依据标点符号使用规范对本文案中的相关字词添加了引号和书名号。

原来他是按照字母顺序一直读下去，
而且已经读到“Lu”字头。
这样看来，
下一本将是《琵琶音律》（*Lute Melody*）。

最好的文案往往不落斧痕，从第一个字直到最后一个字都看不见任何的雕琢，鲜少看到形容词，都是通过名词和动词来表现场景和情节。

这则文案描绘了一位阅读者以及其略有个人特色的阅读方式。他很奇特，但对于品牌所形塑的“左岸咖啡馆”来说，这其实很正常。这位阅读者属于“左岸咖啡馆”，当然“左岸咖啡馆”也属于他，“左岸咖啡馆”也正是因为“拥有”这样奇特的阅读者，才具有了一种特别的意义。

## 《中国时报》[1] 以“阅读”之名的广告文案

若可以将阅读这一行为抬升至一定高度，我想说阅读是一种“信仰”，一种具有高贵血统的人之“本质”。

《中国时报》有一个系列广告文案叫作“知识使你更有魅力”，在这一系列广告文案中，文案创作者将阅读与性感和青春永驻联系在一起，从而使阅读具有了另一种寓意。无疑，该系列文案的创作者是高明和睿智的。现在，让我们来看看《中国时报》相关的两则文案。

《中国时报》以“阅读”之名的广告文案之“詹宏志”篇

**知识使你更有魅力**

你倾斜 45 度角看报的姿势有形而上学的气息，从北爱和平协议，到基因复制，到圣婴现象。你关注世界的程度令人嫉妒，在超文本的网络社会，你是欲望的解放者，在混乱的现实中，你的言语带着拘谨的魅力，看你阅

[1] 《中国时报》是我国台湾地区发行的主要报纸之一。

读时的专注让人恨不得变成文字，你觉得思考就是一种性感，而学习才是你永远青春的秘密。我爱你。

聪明人用知性保持致命的吸引力。

资讯，聪明，优势

《中国时报》

《中国时报》以“阅读”之名的广告文案之“许舜英”篇

**知识使你更有魅力**

没有一种优雅比你看报的姿势更优雅，你对世界的了如指掌跟你的爱情态度有关，你能一眼看出 Madonna 的 MTV 摆设 Marc Newson 设计的家具，同样在衣服上使用金属，你就是觉得 DIRK BIKKEMBERGS 比 PACO RABANNE 更具节奏性，世上的牙膏对你而言是一套文化观察的分类典范，跟酷斯拉比起来，你笃定细菌才是未来世界的终结者，阅读让你的眼睛为之勾魂，让人恨不得化作文字与你相遇，你最最性感莫过于你思考，而学习才是你永远青春的秘密。我爱你。

聪明人用知性保持致命的吸引力。

资讯，聪明，优势

《中国时报》

在这两则文案的面前，我认为我的表达可能会有些晦涩。詹宏志和许舜英都应该属于我国台湾地区的文艺模范，他们是真正的阅读者，大量地涉猎知识，然后再通过不同的文化作品释放知识的能量。

知识是最致命的“勾魂武器”，阅读是最性感的“人体行为”。如果你在广告中去表现一位阅读者，那么你的广告会瞬间有品位起来，因为阅读本身就是吸引受众观看的“性感行为”。一位阅读的男性和一位拥有完美身材的女子一样对异性具有强大的“杀伤力”。

请爱阅读，请爱阅读者！

## 佰草集化妆品以“阅读”之名的文案

阅读能提升人的品位，让一个人瞬间变得高雅起来。

在世间，美丽的女子不可多得，美丽又智慧的女子更是人间稀有，而这正好为广告文案创作者提供了发挥的空间。在自由的笔下，他们可以描绘这样的女子。从此，漂亮与智慧不再对立。

佰草集化妆品以“阅读”之名的文案

**爱美女子的绝对信仰**

爱讨价还价的女生应该去看《资本论》

喜欢谈恋爱的女生至少去读一读《相对论》

小小女生要研究一下进化论

爱美的女子绝不能放过佰草集的肌本论

它主张自自然然地对待肌肤

肌肤绝不会小气得不理你

懂越多会越感动

为什么佰草集对爱美的女子

这么好

其实我并不知道这则文案到底在谈什么。不过这都没关系了，我想那些“爱美的女子”也不会在意这则文案到底在谈什么。广告就是广告而已，化妆品也只是化妆品而已，我们在意的不是《资本论》和讨价还价的关系，也不是《相对论》和谈恋爱的关系，以及什么进化论和小小女生的关系，都让它们“胡扯”去吧。本质上，广告只是一种“感觉的沟通”而已，广告文案只是想让佰草集沾上这些象征着深奥知识的“光”，然后让“爱美的女子”也因此沾上这些“光”。

如果我们可以将女性分为妇女和女子的话，那你认为妇女是什么样的，而女子又是什么样的呢？

能否说“阅读”将女人分为妇女和女子呢？

我不知道，不过广告文案创作者应该心中有数吧。

## 由“阅读”而引申出的以“知识”之名、以“智慧”之名的文案

**中兴百货以“知识”之名的文案**

有了胸部之后，你还需要什么？

脑袋！

有了爱情之后，你还需要什么？

脑袋！

有了钱之后，你还需要什么？

脑袋！

有了 Armani 之后，你还需要什么？

脑袋！

有了知识之后，你还需要什么？

知识！

到服装店培养气质，到书店展示服装。

这是一则足以让天下女子“汗颜”的广告文案，挪威商学院曾有一则广告文案的主题为“知识浅薄的人就像没有穿衣服”，而这一广告文案则让天下女子都像“没有穿衣服”一样，因为知识是无穷无尽的。如果你没有知识，那你就是浅薄的；如果你拥有的知识不丰富，你也是浅薄的。

中兴百货的广告文案在于给品牌塑造一种文艺的感觉，通过宣扬知识而提

升自身以及消费者的形象，目的在于让消费者认为中兴百货是一家有品位的公司，而去中兴百货的购物者也会认为自己是“有知识”或“有品位”的人。

不过，如果可以调侃一下的话，请让我们关注这句话，“到服装店培养气质，到书店展示服装”。我想，不管女子有没有知识，这一句话彻底揭露了广告文案笔下的“女子”的本质。中兴百货并不需要“有知识的女子”，而是需要随时随地都想要显摆漂亮衣服和婀娜身材的“女子”。可以说广告文案的立意都不纯吗？

是的，本质上，广告文案的立意都不“纯”。

渣打银行以“智慧”之名的文案之“梁朝伟”篇一

**真正的财富不是你口袋里有多少钱，而是你脑袋里有多少东西**

我有一双买了五六年的旧皮鞋。有一天，一个朋友问我，你的鞋很好看，是什么牌子，从哪里买的？

我回答，这只是一双普通的皮鞋，不是什么名牌，它之所以好看，只因它淋过巴黎的雨，浸泡过伦敦的雾气，蒙上过纽约的灰尘……是这些免费的东西让我的皮鞋看起来美丽而又无价。

其实，生活中的许多东西都是美丽而无价的。看一次夕阳，免费。欣赏一个人走路的姿势，免费。走进精品店，将自己喜欢的古董放到脑袋里带走，免费。

当生活带给你一颗苦涩的柠檬时，你不妨将它转换为一杯可口的柠檬汁。如果不满意自己的生活现状，你最迫切需要的不是金钱，而是 SMART 的生活智慧。

SMART 的人拥有 SMART 的生活，现在加入渣打银行 SMART 俱乐部——城市猎人俱乐部，甜蜜生活俱乐部。

聪明的不只是你的脑袋，还有你的口袋。

**渣打银行以“智慧”之名的文案之“梁朝伟”篇二**

**一个人的魅力来自哪里，眼睛，鼻子，嘴巴，还是脑袋里的东西**

有一次，我去观摩电影的选角过程，竞争激烈，结果大出意外。我问导演：“为什么没有选那个大帅哥，而是选择这个相貌平凡、个子不高的家伙？”

导演看了我一眼：“那个高个子在智慧上比那个矮了一截。”

爱因斯坦四肢不发达，无法将足球踢得超过 15 米，可是他却影响了全世界；迈克尔·乔丹老了，可是他依旧拿下得分王，因为他用脑袋打球。

当生活带给你一颗苦涩的柠檬时，你不妨将它转换为一杯可口的柠檬汁，如果不满意自己的生活现状，你最迫切需要的不是金钱，而是 SMART 的生活智慧。

SMART 的人拥有 SMART 的生活，现在加入渣打银行 SMART 俱乐部——城市猎人俱乐部，甜蜜生活俱乐部。

聪明的不只是你的脑袋，还有你的口袋。

没有人会真正认为自己是愚笨的，每个人都自认为很聪明。广告文案创作者深知这一点，所以他们竭力将广告主的品牌塑造为一个值得“聪明人”拥有的品牌。他们在文案中使用全球精英城市，比如上述文案中的“巴黎”“伦敦”和“纽约”；他们借用伟人的名义，比如上述文案中的“爱因斯坦”和“迈克尔·乔丹”；他们引经据典，如佰草集文案中的《资本论》、《相对论》和“进化论”。

广告文案创作者一再诉求，他们多么希望你是一个“智慧”的人，正如渣打银行的文案中描述的一样。不过根本之意是如果你选择了渣打银行，那你就是“智慧”的人。

## 4.3 诗歌

好的文案就是一首诗，具有诗的韵律，具有诗的美感，具有诗的韵味，和诗一样感人。一个优秀的文案创作者同样能做一位优秀的诗人，因为他掌握了写诗的所有技巧，完全具有诗人的素养。

在我个人的文案创作生命中，我也常常阅读诗歌来借鉴其文学技能，也常常通过写诗来训练自己的文案创作能力。我从诗歌中学到很多，也都应用到了文案的创作中。

在诗人落寞的时代，或许文案是能让具有诗人气质的人们施展才华和养家糊口的唯一行业。我们也看到很多文案人员创作出经典的如诗般的广告作品，这些作品感动我们，让我们的内心获得洗礼，让我们获得无上的精神享受。

### 饮冰室茶集饮品以“诗歌”之名的文案

在过去创作的文案中，有一个名为“饮冰室茶集”的饮品。需要解释的是，“饮冰室”原指梁启超的故居书斋，梁启超本人也号“饮冰室主人”，而《饮冰室合集》则是梁启超先生的作品集的书名。

“饮冰室茶集”这一品牌借梁启超先生的“饮冰室”之名，以“诗歌”之名推出了系列的广告作品，其文案也表现为一首首诗歌，给受众带来美好的感受，让我们从广告中享受到诗歌带来的精神愉悦感。

饮冰室茶集饮品以“诗歌”之名的文案之一

**静，当我心疲倦，让我心沉淀**

五四余火堆砌成方块砖瓦

在北京胡同小径里百转千回

空气中弥漫诗一般的气息
隔着百十个日子重叠
络络活现

我聆听诗人温柔絮语
是徐志摩痴狂爱恋的书简
是郑愁予“嗒嗒……”马蹄下的错误
是歌德少年维特的烦恼
是泰戈尔浪漫主义下的冥想……

静，当我心疲倦，让我心沉淀

饮一口茶
品啜杯里的余韵
品啜如诗一般的气息
不是消愁不是殇
许是诗样的情愫迷惑了双目
在这样的古老的五四大街
在这样的斑驳的北京小茶馆

静，当我心疲倦，让我心沉淀

饮冰室茶集饮品以“诗歌”之名的文案之二

**诗歌 · 春光 · 茶**

雨停了
暖阳将河水照耀得
如茶水般澄静……
于是

这样的古老的五四大街

这样的斑驳的北京小茶馆

总有那样的一个旅人

撑着一把黑伞

循着悠然茶香迎面走来

任由脚下溅起的水花

交织成秀拉的点描画

怀带着异乡的情感

他这样想着……

最起码，我想他是这样想着的

生活

终究能成一首诗

只要您容许我……

深深地——呼吸这抹茶香

静静地——吟唱这首诗歌

然后踩着诗歌的韵脚

轻轻地——起舞

那么

生活——终究会成一首诗

以诗歌和春光佐茶

饮冰室茶集

### 饮冰室茶集饮品以“诗歌”之名的文案之三

这时代旧的东西在崩坏

新的在滋长中

于千万人之中
遇见你所遇见的人
时间无涯的荒野里
没有早一步
也没有晚一步
刚巧赶上了
那也没有别的话好说
唯有轻轻地问一声
“噢！你也在这里吗？”

时代的车
轰轰地往前开
我们坐在车上……

以诗歌和春光佐茶
饮冰室茶集

对于每个人来说，广告都是不请自来和不受欢迎的，广告肆意地打扰我们的生活，占用我们的时间，影响我们的情绪。如果广告中还充斥着让人不舒服的内容，那人们会将这种愤怒转移到广告中的产品上，进而远离产品，更不会购买或推荐广告中的产品，甚至会向周围的人说广告中产品的坏话来发泄对广告的不满。

然而，如果广告文案内容充满了优美的诗句，能带给人们美好的感受，那将会稀释人们对贸然出现的广告的反感心理。如果广告文案足够优美和动人，那人们会带着欣赏的眼光看待广告，当然，也会带着欣赏的眼光看待广告中的产品。

记住，你的广告以什么态度对待受众，受众就会以什么态度对待你的广告。你的广告带给受众什么感受，这种感受造成的后果就会反映到他们对广告中的产品的态度上来。

## 银联手机闪付“诗歌 POS 机”儿童诗歌

诗歌是一种极富魅力的文学体裁，从小到大，因为受到那些美妙诗歌的感染，我们都会在某个时刻萌生写诗的冲动。

2019 年，银联手机闪付曾在上海做了一次公益活动，在地铁站推出了“诗歌 POS 机”。只要你拿起手机，唤起支付界面，轻触“诗歌 POS 机”，用银联手机闪付支付 1 元钱，吐出的小票上就有了一首小诗。

在商业氛围浓厚的城市，这样的公关行为，确实让物欲横流的世界充满了一些诗意的温暖。

以下是我们从中挑选的几首。

银联手机闪付“诗歌 POS 机”儿童诗歌

**诗歌 POS 机，让山里的才华被看见**

（一）

云朵

云南南华 小婷 10 岁

云朵
好软好软
想把它带回家
做我的床垫

（二）

快乐的秘密

四川绵阳 月亮 7 岁

快乐的时候
我就跑去河边
在倒影里获得双倍的快乐

（三）

生长

四川绵阳 辰星 11 岁

星星在天空
自己发亮
我站在大地上
自己长大

这是银联以“诗歌 POS 机，让山里的才华被看见”为主题的公益活动征集到的部分小诗，它们都是由山里留守儿童在老师的指导下所写。孩子们天真无邪，每一首小诗都讲述了他们的一个小愿望、小故事或是一个小秘密，其中也包含着他们对这个世界的奇妙幻想。他们的才华或许没有那么出众，但相信一字一句都击中了你我的心窝。银联以这样温暖的公益行动，温暖了在城市奔波的无数普通人，提升了人们对银联品牌的好感。

第5篇

# 追求

## 5.1 梦想

泫丰洋酒有一句广告文案，“只要有梦，你会红”。或许这句文案能浓缩地解释年轻人坚持梦想的原因。年轻人需要展现和证明自己，去实现心中所想。只要有梦，就有可能实现，就能成为理想中的自己，过上理想的生活。

相信每一个改变世界的伟人，都是源于心中的梦想，通过一生的时间，去努力奋斗，最终成为留名青史的伟人。因为梦想，尽管当下的生活不尽如人意，但我们还是抱着希望去勇敢地追求。因为梦想的不断实现，世界才被人类一点一点地改变。

### 以“梦想”之名的短文案

“梦想”，这个词本身就富有激励人的力量。当“梦想”使用在广告文案中的时候，它更具有煽动力，成为激励年轻人勇敢追求梦想的口号，这样的广告文案都是很具震撼力的。

- 泫丰洋酒：只要有梦，你会红

“只要有梦，你会红。”简单的一句话，却富有强大的激励力量。

● 联想：只要你想

只要你想，一切都有可能实现。敢于梦想，才能创造可能。联想一度代表中国科技的发展力量，这一口号不光是联想的品牌口号，也是联想向中国青年一代的呼吁。

● 汇添富基金：每一个你想逃离的地方，都有一个心怀梦想的自己站在原地

你是出于什么原因想要逃离所在的地方呢？是因为自己能力不足想要逃避？还是有什么难言之隐？每一个迫使我们想要逃离的地方，必定有我们迈不过去的坎。可是千万别忘记，你现在想要逃离的地方，或许是曾经心怀梦想的你梦寐以求的地方。那个心怀梦想的你还站在原地，或许你还能重燃自己的梦想。

● NIKE WOMEN：不要让你的梦想在别人的看法中死掉

别太过在意周围人对自己的看法，这可能是每个人的弱点。你要明白你的梦想因你而生，与他人无关。没人能够决定梦想的生死，除了你自己。

● 尊尼获加威士忌《我的超越》：将梦想公之于众，你将义无反顾

我们需要被感知和被监督，一个藏在心底的梦想总会因为你的懒惰而慢慢被遗忘。当你将梦想公之于众的时候，会有无数双眼睛盯着你，那时候的你有可能即使只是为了尊严，也会义无反顾。

● 大众：大众新梦想

大众汽车，是平凡大众的新梦想。在我们解决温饱之后，一辆大众汽车可以作为普通大众家庭的“新梦想”。拥有一辆大众车，也意味着拥有更美好的生活。

● 香港电信：只要有梦想，凡事可成真

或许这句文案更适合当下人们所面临的经济环境，我们都是打不死的“小强”，不管经济形势多么艰难和恶劣，我们依然靠着一丝的希望努力拼搏，因为我们依然相信“只要有梦想，凡事可成真”。

## 联想以“梦想”之名的视频广告文案

联想为它的新口号“只要你想”设计了品牌形象广告片，其画面很简单，但是文案却很有力量，体现了联想的品牌文化精髓。

联想以“梦想”之名的视频广告文案

联想，为梦展开翅膀

你的联想，让希望远航

你的联想，改变着世界

用想法改变世界

只要你想

联想 / Lenovo

“只要你想”，就可能“改变世界”。

我们年轻的一代，不能因糟糕的环境而自甘堕落，需要保持想象力，只有敢于去想，敢于去创造，才能让我们的国家有希望。

联想作为中国较为年轻和强大的领导型品牌，这一则广告有“振臂一呼”的感觉，希望联想能不断有新的表现，成为带给中国以希望的品牌。

## 西联汇款以“梦想”之名的视频广告文案

这是一则清新和向上的广告，有着年轻朝气的力量。年轻一代，是创造财富和主力消费的一代，西联汇款为获得年轻一代的好感和信赖，在中国推出了这则形象广告。

西联汇款以“梦想”之名的视频广告文案

**Yes（广告歌词）**

来吧，展翅高飞

告诉我你的梦想

展示给我你的追求

来吧，一起追逐希望

来吧，展翅高飞

灿烂未来就在眼前

（旁白）每天，全球每一个角落，有许多人为实现自己的梦想努力不懈

为迎接光辉的未来说一声，行

（字幕）快捷可靠，享誉全球，尽在西联汇款

来吧，年轻一代，展示梦想，展翅高飞，追求灿烂美好的未来

西联汇款，在你追求梦想的路上，伴你同行

年轻，有梦就行

## NIKE 以“梦想”之名的视频广告文案

梦想总是拥有一种神秘的力量，它总能在我们跌入人生谷底的黑暗之际给我们送来一道希望之光。人的梦想各种各样，它是我们内心的意志力来源和灵魂支撑。我们知道，那些始终坚持梦想的人，哪怕牺牲一切都不会轻易放弃。

以“梦想”之名的 NIKE 视频广告文案

### 为梦疯狂

如果有人说你的梦想很疯狂，如果他们嘲笑那些你觉得自己可以做到的事，好极了，不必理会。因为没有信仰的人是不会理解，“疯狂”这个词也并非羞辱，而是一种赞许。

不要想着成为你们学校跑得最快的，或是全世界跑得最快的，要成为史上跑得最快的。

不要想穿着橄榄球星 OBJ 的运动衫，设想 OBJ 梦想穿着你的。不要满足于只做个返校日女王，或者一个橄榄球后卫球员，而要两者兼具。

减掉 120 磅体重，成为一个铁人。且战胜了脑瘤。

不要觉得自己要像某人，要成为让大家模仿的人。

如果你生在难民营，不要让它影响你踢足球，为国家队效力，哪怕你只有 16 岁。

不要只想成为世界上最伟大的篮球运动员，要超越篮球这一领域。

或者就要有信仰，即使这意味着它会让你一无所有。

当他们提起史上最伟大的球队时，确保那是你的队伍。

如果你只有一只手，也不要在看台上看橄榄球，参与比赛，并打出最高水平。

即使你是来自混乱的康普顿街区的女孩，也不要仅局限于成为一名网球运动员，要成为最伟大的运动员。

对，就是这样。

所以，不要问你的梦想是不是疯狂，问它是否足够疯狂。

NIKE 这个品牌似乎很喜欢以“疯狂”为切入点，精心设计一些触动人心的文案。NIKE 的文案往往与其品牌调性相符合，会对大量体育运动领域的人物进行采访和洞察，将他们的传奇故事以精神遗产的形式呈现给我们。

不得不说，NIKE 不仅是一个会讲故事的品牌，更是一种运动精神的象征。这支广告将美国杰出运动员比赛时的传奇时刻呈现在我们面前，其中也蕴含了 NIKE 对边缘群体的一种关怀。

## 黑松汽水以“梦想”之名的广告歌

张雨生走了，但给世界留下了很多经典的歌曲，其中《我的未来不是梦》成为流传最广也被翻唱最多的歌曲。这首歌曲曾作为台湾黑松汽水的广告歌，为黑松汽水在台湾的推广起了很大的作用。

**黑松汽水以“梦想”之名的广告歌**

**《我的未来不是梦》（部分歌词）**

你是不是像我在太阳下低头
流着汗水默默辛苦地工作
你是不是像我就算受了冷漠
也不放弃自己想要的生活

你是不是像我整天忙着追求
追求一种意想不到的温柔
你是不是像我曾经茫然失措
一次一次徘徊在十字街头

因为我不在乎别人怎么说
我从来没有忘记我
对自己的承诺 对爱的执着

我知道我的未来不是梦
我认真地过每一分钟
我的未来不是梦
我的心跟着希望在动
……

黑松汽水，一款针对年轻人的饮料。那些在“太阳下”努力奋进的年轻人，他们除了梦想就一无所有，他们需要被理解和被支持。

同时，这首歌也道出了无数年轻人的心声，这些年一直被人们传唱，影响了无数的年轻人。

文案，需要的是打动它的目标受众，有效说服目标受众接受其内容或建议。那么作为文案创作者的你，应当如何通过你的文案去说服目标受众，让他们接受你的文案呢？首先你应当和目标受众做朋友，因为只有你成了目标受众的朋友，才有可能说服他们。那么你又如何与目标受众成为朋友呢？首先你要了解他们，然后理解他们、支持他们……进而与他们成为朋友，让他们毫不抵触地接受你文案中的建议，记住品牌，并购买产品。

我想，黑松汽水的这首广告歌做到了这些。

## 5.2 励志

人生之旅，历经坎坷。是什么支撑我们勇敢走下去？是父母的期待，是肩上的责任，还是朋友的鼓励？是为了生命的尊严，为了内心的希望，还是为了实现最初的梦想？

当我们面对困难，遭遇坎坷的时候，我们都需要精神力量的支持，让我们放下一切，获得新生，重新上路。在商业时代，很多品牌乐于扮演激励人们不断向前的角色，通过励志的广告文案和广告故事来激励人们不要放弃希望，放胆去做。

于是，励志成为广告中常见的一种主题。很多品牌通过励志广告获得了受众的共鸣，成为人们尊重和追崇的品牌。比较具有代表性的是运动品牌的广告，其广告通过运动明星的代言、动人心魄的激情运动场面以及具有心灵震撼力的文案，使看到广告的年轻人们，全身都是满满的能量。

### 以“励志”之名的运动品牌短文案

运动品牌的广告语除了鼓励年轻人勇敢表现自我之外，常常还大力号召他们去奋斗、去拼搏，不怕苦、不怕输、不怕嘲讽、不怕不公，放胆去做，抱着

“拼死一战”的决心和精神去迎接所有的挑战，打出属于自己的一片天地。

● NIKE：Just do it（尽管去做）

尽管去做，放下所有的包袱，忽略所有的眼光，藐视所有的困难，放开手脚去做。至于结果，不用管它！这是一无所有的年轻人必须有的一种心态，越是恶劣的环境，越是需要这样的精神。NIKE 曾传言要将广告语改为“I can”，但因为各种原因最后还是继续使用“Just do it”。直到今天，耐克的这一广告语依然经典，依然光芒四射。

● adidas：Impossible is nothing（没有不可能）

没有不可能，成功者的眼里没有“失败”一词，战斗者的眼中没有“不可能”。永远不承认失败，眼里永远是越来越近的成功。所有的挫折，所有的屈辱，只为了让自己变得更坚强，更接近成功。

● 李宁：一切皆有可能（Anything is possible）

一切皆有可能。曾有各种声音在说李宁有“山寨”adidas 广告语的嫌疑，但是我的观点是，就算有这样的初衷，但是在中国，李宁的广告语绝对比 adidas 更经典，也更深入人心。在中国所有运动品牌的广告语中，“一切皆有可能”的知名度和口碑力量远超过 adidas，也绝对超过 NIKE。“一切皆有可能”早已成为中国一代又一代年轻人相互激励的口头禅或座右铭。这就是广告的社会公益力量。

● 鸿星尔克：迈向第一（To Be No.1）

迈向第一，不管肩上的担子有多重，不管出身有多卑微，一定要永争第一，死也要死在终点线上。鸿星尔克面临的市场竞争环境也是如此，这可以说也是鸿星尔克的企业口号。不过这个口号太过于沉重了，有点让随性自由惯了的年轻人喘不过气来。相对来说，“尽管去做”和“一切皆有可能”就轻松多了，因为这些口号都没有强调“结果”。

## 以“励志”之名的其他短文案

不只运动品牌的广告语深具号召性，影响着一代又一代的年轻人奋力前行，如今越来越多的品牌也都开始采取激励式的话术来鼓励年轻人直面人生的挑战，以期获得年轻人的认同，这一类广告语也在各自的市场领域取得了不错的成效。

- 民生银行：不知道如何追梦，可以先开始奔跑

这个时代最不缺的就是追梦人，每个人都有自己或大或小的梦想。每逢跨年之际，很多人都会在朋友圈进行所谓的“总结当下，展望未来”。但真正付诸行动的又有多少呢？每一个人都是追梦人，当你不知道如何追梦的时候，不妨先跑起来。

- 马自达 CX-4：心里的脚步，决定了向前的路

你还在踌躇不前吗？不要继续停留在原地纠结自己未来能走多远，没有人能够决定你的人生，除了你自己。心有多大天空就有多广阔，听从自己的内心，大胆向前。别再被自己的忐忑不安束缚，只管向前走。

- 褚酒庄园：绝不放弃

成功的秘诀是坚持。无论遇到什么困难，我们唯一应该做的选择就是不放弃。没有失败过的人不可能成为成熟的人，唯有历经失败，才能成长为真正的勇士！

- 美赞臣：奇迹，绝非偶然

永远不要认为自己现在所做的事情都是无用功，世间出现的每一个奇迹都绝非偶然，这些奇迹是由像你一样默默付出的人们坚持不懈所创造出来的。

- 爱立信：事业我一定争取，对你我从未放弃

年轻人似乎总在事业和爱情之间徘徊，认为二者不能兼顾。有的人为了事业背井离乡没日没夜打拼，从而使许多真挚的感情最终没能经得住考验而以失败告终。

爱立信这个曾经被国人追捧的品牌已离我们远去，但这句文案却给予了无数人希望的光芒，也让无数人重拾等待的信心，堪称温暖和走心的文案创作。

## NIKE 以“励志”之名的视频广告文案

NIKE 的系列视频广告曾从各个角度传达励志的感受，这里我们仅挑选其

中两则文案来分享，一则是刘翔代言，另一则是科比代言。两则文案都铿锵有力，一气呵成，不露斧痕，极具震撼力。

NIKE 以“励志”之名的视频广告文案之“刘翔”篇

**你能比你快**

定律 1：亚洲人肌肉爆发力不够？

定律 2：亚洲人成不了世界短跑飞人？

定律 3：亚洲人缺乏必胜的气势？

定律，是用来被打破的

NIKE，你能比你快

NIKE 以“励志”之名的视频广告文案之“科比”篇

**只要心够决**

只要心够决，就能征服痛苦，利用它，控制它

只要心够决，实现你的梦想

只要心够决，从挫折中学习，学习如何胜利

只要心够决，将所有燃烧成激情

所有的痛苦、失败、批评、荣耀

出手夺球，出手绝杀

你可以做到任何事

只要心够决

NIKE，尽管去做

在 NIKE“Just do it”的品牌精神的基础之上，这两则广告分别衍生了两个概念：一个是“定律，是用来被打破的”，另一个是“你可以做到任何事，只

要心够决”。意味着，只要你去做，一切都可以实现。所以，尽管去做。

在全球市场，NIKE 往往能卖出高于竞争对手几倍的价格，因为 NIKE 的价值不再是单纯的服装价值，还包含一种精神，一种年轻人为之倾倒的“体育场上的斗士与王者”的精神。全球的消费者愿意支付额外的金钱去“购买”这种精神。

## adidas“我的故事”系列视频广告文案

每一位成功的运动员，背后都有不为人道的故事。没有谁的成功道路是一帆风顺的。世界上最伟大的球员之一迈克尔·乔丹也有多次伤痛和失落的经历，作为 NIKE 曾经的代言人，NIKE 也曾设计了以尊敬和同情之心看待乔丹的伤痛和失落的励志广告。这则广告让人们看到了一个真实的乔丹，而不是一个“被包装”的乔丹，这反而激发了人们对乔丹本人和 NIKE 品牌的尊敬。

同样，adidas 也曾推出了以尊敬和同情之心看待每一位成功球员的一系列广告片，这些球员有大卫·贝克汉姆、杰里米·瓦里纳、马晓旭、吉尔伯特·阿里纳斯、阿里森·菲利克斯、乔纳·罗姆、里奥·梅西等。

在这里，我们只挑选其中的三则视频文案来分享，其中的运动明星分别为“大卫·贝克汉姆”“吉尔伯特·阿里纳斯”和“里奥·梅西”。

### adidas“我的故事”系列视频广告文案之“大卫·贝克汉姆”篇

**你将经历一些艰难的日子，但是所有这些终将过去**

“我是大卫·贝克汉姆，这是我的故事：

回想 98 年[1]，

我真希望一切都没发生过，

当时我的表现简直像个孩子，

[1] 此处“98 年”，即 1998 年，文案中使用了贴近大众口语的措辞进行表达。

后来我哭了足足 10 分钟。
那时不断有人恐吓我，
整整三年半我没有一点儿安全感。
这打击太大了，我几乎想要放弃。
后来我在对希腊的比赛中进了球，
所有的记者都起立为我鼓掌，
能让这些苛刻的评论家为我喝彩，
对我来说，这一刻非同寻常。
艰难的时候总会过去，
只要你能坚持下来！”
阿迪达斯，没有不可能。

adidas“我的故事”系列视频广告文案之“吉尔伯特·阿里纳斯”篇

**没有人相信你的时候，你一定要相信自己**

“我是吉尔伯特·阿里纳斯，这是我的故事：
当我刚进入 NBA
职业生涯的前 40 场，我是在板凳上度过的。
他们认为我打不上比赛，
我想，他们根本没看到我的天赋。
他们觉得我就是个“0”，一无是处。
但是我并没有坐在那里怨天尤人，而是不断地训练、训练。
在没有人相信你的时候，你的任何努力都会为自己加分。
这已经不是我能否打好篮球的问题了，
而是我要证明他们是错误的。
现在我仍然穿着 0 号球衣，因为我要告诫自己每天都要努力。”
阿迪达斯，没有不可能。

### adidas“我的故事”系列视频广告文案之“里奥·梅西”篇

“我是里奥 · 梅西，这是我的故事：

在 11 岁时，

我被诊断为患有生长激素疾病。

尽管比其他人矮小，

但我却可以更加敏捷。

我还学会了如何在别人的身体压制下踢球，

以及如何带球突破前进，

因为这让我感觉最为舒服。

现在我明白，

有时候，

坏事也会变成好事。”

阿迪达斯，没有不可能。

这些风光一时的运动明星，都有着不为人知的委屈、低潮甚至绝望，因为心中持有“没有不可能”的信念，所以他们最终走出困境，走向成功。

这是运动明星“真实的故事”，那么，作为普通人的我们呢？还有什么放不下的吗？他们已经为我们树立了最好的榜样，我们应该沿着他们的轨迹，怀揣“没有不可能”的信念，勇敢跨越一切阴影和障碍，再次上路，迎接各种挑战。

这就是励志广告和励志文案的力量，正是这些广告和广告文案的光芒照耀着年轻的一代，让他们拥有推动和改变世界的信心和力量。

## 5.3 骑士精神

“骑士”一词，据说最早来源于查理曼的法令集（Capitularies），原意是“骑师”。在 7 世纪，阿拉伯骑兵骑着装备有马镫的战马，挥舞着弯刀冲入欧洲大陆，于是这片土地上的法兰克人与日耳曼人几乎是同时学会了使用马镫，从而使自己的双手解放出来，轻松自如地在马上作战。

在骑士制度中，骑士需要学习“骑士七技”，即马术、游泳、投矛术、剑术、狩猎、吟诗和弈棋。前五项可提高骑士的作战能力与生存能力，而后两项是为了培养骑士良好的素质修养，这对一名骑士来说是必不可少的。

11 世纪至 13 世纪，正是骑士文化真正兴起的时期，并且也正式制定了完整的骑士制度。这些制度就是日后人们所乐道的“骑士精神”。

下面的话是对骑士精神的丰满写照。

I will be kind to the weak.

我将友好对待弱者。

I will be brave against the strong.

我将勇敢面对强者。

I will fight all who do wrong.

我将和执迷不悟者战斗。

I will fight for those who cannot fight.

我将为不能战斗者战斗。

I will help those who call me for help.

我将帮助那些请我帮助的人。

I will harm no woman.

我将不伤害女人。

I will help my brother knight.

我将帮助骑士兄弟。

I will be true to my friends.

我将忠诚对待朋友。

I will be faithful in love.

我将真诚对待爱情。

在西方，特别是在欧洲中世纪时期，骑士是一个特殊的存在，从罗兰到亚瑟王，从骑士王到骑士团，骑士不仅仅是权力和强大的象征，更对西方经济文化传统具有深远的影响。

关于骑士精神，西方社会曾有这样的一段话："上帝在世上奠定了两样事物，如同支撑上帝与人间法则的两根柱子——失去他们，这个世界将混乱不堪，了无秩序——这两根完美无瑕的柱子就是骑士制度和学术。"由此可知，在西方世界，骑士与骑士精神是受到至高无上的尊重的。

让我们来看一段骑士的宣言：

我的剑放在这里。

我将牢记：谦逊、怜悯、公正、荣誉、牺牲、英勇、精神、诚实的美德。

我将奉献我的灵魂和我的生命在公平之神的脚下。

我的血将伴随着荣誉洒在战场上。

我的剑放在这里，神祝福它永远锋利。

除非它的主人低头，否则，它将永不折断。

在这段宣言中，提到了一名真正的"骑士"必须具有的八大美德，即谦逊、怜悯、公正、荣誉、牺牲、英勇、精神和诚实。

谦逊：骑士对自己的力量有足够的信心，并深知力量的体现在于行动，而不是体现于狂妄与傲慢的姿态。

怜悯：即对弱小怜悯的精神，骑士不能因自己的强大而骄傲，并且不可以同比自己弱小的人决斗。

公正：骑士受人尊敬，不只因为他拥有的力量，更在于他们的公正无私，为世界的公平正义不惜一切。

荣誉：骑士奉行“荣誉即吾命”的教义，荣誉高于生命。荣誉涉及的范畴除了自身，还包括国家与宗教。

牺牲：骑士应该为他守护的一切毫不犹豫地做出牺牲。这种精神让骑士在敌人面前无所畏惧，其实这种精神在我国先秦时期相当盛行。

英勇：英勇是骑士最基本的条件。一手持剑，一手持盾，一边向敌人行标准的战士礼，一边无所畏惧地吟啸冲锋，这似乎已经成了骑士的标准形象。

精神：宗教和信仰对骑士来说是不可或缺的，骑士奉行的最高旨意就是宗教和信仰。当然，骑士本身就是一种精神象征。

诚实：骑士是绝不允许说谎的。骑士必须对自己诚实，对他人诚实，对一切诚实。即使说谎能让他们轻松地逃避惩罚，但他们也会毅然选择诚实。

在欧洲的中世纪文学中，骑士被幻化成正义的象征，代表着与邪恶斗争并最终战胜邪恶的力量，当时，所谓的“骑士文学”风靡一时。就算到了塞万提斯的笔下，堂吉诃德仍然有着单纯执着的可爱之处。

骑士是个很神圣的职业，它代表着光明，代表着一诺千金，代表着修身克己，代表着永恒不变的赞美。

在现代广告中，随着品牌形象与个性越来越被重视，品牌文化也不断从历史文化中汲取营养。作为备受人们尊敬和推崇的骑士与骑士精神进入了广告人的视野，在当下的广告中，随处可见“骑士”的字眼与骑士精神的演绎，表现比较突出的是在广告语和品牌形象文案中。

## 彰显“骑士精神”的一些短文案

一家受人尊重的企业应当具备传统的骑士精神，一个受人尊重的企业家亦如是。广告语一般是企业或品牌文化精华的浓缩，也是企业或企业家在品牌或产品上注入的企业文化，让我们来看看下面的这些广告语，并分析其体现的骑士精神。

● 雪花啤酒：勇闯天涯

现代社会需要骑士的勇敢无畏精神，勇于进取，追求心中远大的梦想。雪花啤酒的主要诉求对象是都市的年轻男性，他们肩上“压力山大”，要获得成功改变现状，就得放下一切，发扬骑士精神，勇敢去闯！

● 红塔山：山高人为峰

红塔山的这句广告语是中国本土广告语的一个经典，激发了多少年轻人勇敢超越，追求更高的成就。中国男人需要这样的精神，需要突破与超越。

● Johnnie Walker 威士忌：Keep walking（永远向前）

人生路上，困难与挫折难免，要想成功，唯有坚持不懈。像一名骑士一样，勇敢面对前方的一切“敌人”，用手中之“剑”劈开一切。

● MARLBORO（万宝路）：欢迎来到万宝路（牛仔）的世界

骑士是马上的男人，牛仔也是马上的男人。在没有骑士的世界，牛仔承载了人们对骑士的理想形象的幻想。欢迎来到万宝路的世界，感受粗犷与野性，自由追逐。

● 千里马：心有多野，未来就有多远

古代的马，现代的车。古代的英勇骑士，现代的成功人士。在现代社会，要成功，就要不停地奔跑，跨越道道关卡，抵达理想的远方。

● 勇闯天涯 superX：生而无畏

勇闯天涯 superX 是雪花品牌为年轻人量身定制的一款啤酒，融入了年轻人喜爱的时尚街头文化。这一款定制啤酒也在原有“勇闯天涯”的基础上，大胆创新，提出了“生而无畏”的品牌主张。当代年轻人不仅需要勇闯天涯的气魄，更应具备与生俱来的无畏精神，这是骑士精神的延伸，敢闯敢拼才会赢！

## 芝华士以“骑士精神”为主题的经典文案

在所有借用了骑士和骑士精神的广告中，芝华士威士忌品牌最直接也演绎得最全面，其从品牌个性形象、广告语、广告画面、广告片故事设计以及各种文案中，都体现了骑士精神。让我们一起来分享。

**芝华士以“骑士精神”为主题的视频广告文案之一**

茫茫人海中，每个人都为了自己而四处奔波。

难道，这就是我们唯一的前进方向吗?

不！让我们为荣耀干杯！

为绅士风度得以长久流传，为心怀他人并乐于伸出援手，为恪守承诺干杯！

为我们中的勇士，为真正懂得何为人生财富，为共同拥有这种行为方式在世俗中脱颖而出干杯！

为我们干杯！

芝华士，活出骑士风范。

现代社会，已经没有了传统意义上的骑士，骑士精神更多体现为绅士精神，或者说传统的“骑士”已经演变为现代的“绅士”，或者说现代绅士是传统骑士的化身。这样的现代绅士正是芝华士威士忌广告的目标诉求对象。

在该文案中，出现了“荣耀”“伸出援手”“恪守承诺”“勇士”等词语，这些词语正好是骑士的八大美德中的四个方面。让我们这些现代的绅士传承传统骑士的美德，并将其发扬光大。

让我们为这样的绅士干杯，也为我们自己成为这样的绅士干杯。芝华士威士忌，是陪伴我们的“骑士兄弟”。

#### 芝华士以“骑士精神”为主题的视频广告文案之二

对我们来说，比赛中遇到风暴意味着更快的速度，而速度意味着胜利，胜利意味着一切。

但，还有一种情况，能让我们马上掉转船头，那就是有人落水，哪怕他是我们的对手。胜利，等救完人再说。

为真正的荣耀干杯！

芝华士，活出骑士风范。

这则文案就什么是“真正的荣耀”进行了阐述。“扶危救困”是骑士精神的表现，帮助骑士兄弟也是骑士精神的表现。骑士不仅为胜利而来，更是为了创建一个公平正义的美好世界而来。

这则文案从另一个角度对现代商业中的“荣誉”进行了诠释，商业精英应该共同营造一个公平和共赢的竞争环境，而不是踩在对手的“尸体上”获得胜利。

下面的几则文案是芝华士威士忌从不同的角度对“现代骑士精神”的阐述，也进一步丰满了芝华士的品牌主张。

#### 芝华士以“骑士精神”为主题的文案之“骑士风范”篇

在这个唯我主义时代，个人利益高于一切。

但是，有一条迥然不同的路，以信念为盾，积极成就，完美彰显荣耀、绅士风度、勇气与手足情义，领悟时间和友谊才是生命中最珍贵的财富，为这群捍卫另一种生活方式的绅士们干杯！

这就是芝华士，这就是骑士风范。

#### 芝华士以“骑士精神”为主题的文案之“荣耀”篇

何为荣耀？光明磊落，成就非凡！

坚持心中所想，不为世俗所动，在积极进取的成功过程中，造就每一次卓越，令同伴甚至对手心生敬意。

这就是荣耀所在，这就是骑士精神。

### 芝华士以“骑士精神”为主题的文案之“绅士风度”篇

何为绅士？心怀他人，关切备至！

分享成功、阅历与快乐，伸出援手，随时随地。

不事张扬，不为炫耀，却收获友情、信任与尊敬。

这就是纯粹的分享，这就是绅士的宽阔胸襟与慷慨风度，这就是骑士风范！

### 芝华士以“骑士精神”为主题的文案之“手足情义”篇

何为手足？志趣相投，真性真情！

欢乐，互相分享；承诺，彼此恪守；观点，直言不讳……

你我的手紧握在一起，没有世俗间的距离，心中所想，不为我，只为我们。

这就是我们，这就是手足间的真情义，这就是骑士风范！

### 芝华士以“骑士精神”为主题的文案之“勇气”篇

何为勇气？坚定信念，义不容辞！

心中无畏，只为信仰值得捍卫，满怀信心，做该做的事，敢承担，敢抗争，更敢成功！

这就是我们中的勇士，这就是英勇气概，这就是骑士风范！

骑士精神是我个人推崇与追求的精神，芝华士威士忌的一系列文案是我个人比较推崇的文案，希望这个世界多一些“骑士”，多一些“骑士精神”的推广者。

人们需要宗教，人们更需要信仰。骑士精神是与宗教信仰联系在一起的，希望芝华士的这种品牌文化能满足现代人们的精神需求。

## 大众银行“梦骑士”视频广告文案

传统的骑士，为了正义和荣誉而拔剑，不惜牺牲。现代的骑士，为了梦想而勇敢追求，付出一切。

过去，骑士为了正义和荣誉而活着。现在，我们为了什么而活着？

台湾大众银行推出了一系列形象广告，其中“‘梦骑士’篇”是传播力最佳的一则，我们来看看。

**大众银行“梦骑士”视频广告文案**

**人为什么活着？**

为了思念？

为了活下去？

为了活更长？

还是为了离开？

（人物旁白）5个台湾人，平均年龄81岁，1个失听，1个得了癌症，3个有心脏病，每一个都有退化性关节炎，6个月的准备，环岛13天，1139公里，从北到南，从黑夜到白天，只为了一个简单的理由：人为什么要活着？

梦。

不平凡的平凡大众。

大众银行。

不平凡的平凡大众。或许每个平凡的人心中都住着一位骑士，不过绝大多数的人都从未让心中的骑士和这个社会“见面”，只有很少的平凡人勇敢地“解放了”心中的骑士，于是成为不平凡的人。

在广告中，摩托车替代了“骑士的马”，老人们骑着摩托车环行台湾全岛，正如骑士骑着骏马驰骋疆场。传统骑士活着的价值是战斗，现在“骑士”活着的价值是什么？

是追求心中的梦想，为梦想而活着。

大众银行是平凡的大众银行，也是平凡大众的银行，但是每个平凡的人都有不平凡的梦，勇敢地追求心中的梦，成为“梦的骑士”。

## 网易体现“骑士精神”的早期品牌形象广告文案

网易每一时期的广告都别有意味，早期的一系列文案堪称经典。

在网络发展的早期，互联网需要更多人的关注与更多力量的投入，才能更快地发展，进而为整个中国的发展发挥更大的作用。网易作为中国三大门户网站之一，通过广告高声呼吁社会各界的力量参与进来，推动互联网的发展。

### 网易体现“骑士精神”的早期品牌形象广告文案之“长城”篇

**要是长城只有一个人建造**

任何时候，唯有共同参与，才能创造出万里长城的奇迹。网络时代每个人都可能创造奇迹。因为互联网把所有人连在一起。

当所有人同参与、共分享时，12 亿人的力量谁可估量？

……感谢大家的参与，期盼更多人参与进来，与我们一起共建中国互联网美好的未来。

### 网易体现“骑士精神”的早期品牌形象广告文案之“龙舟”篇

**要是面对挑战都是孤军奋战**

任何挑战，唯有更多同伴支持，才能临危不惧，赢得胜利。网络时代你绝不再孤军奋战，因为互联网把所有人连在一起。

当所有人同参与、共分享时，12 亿人的力量谁可估量?

……感谢大家的参与，期盼更多人参与进来，与我们一起共建中国互联网美好的未来。

**网易体现“骑士精神”的早期品牌形象广告文案之“舞龙”篇**

**要是节目只有一人庆祝**

任何庆祝，只有更多人参与，才能拥有更多的快乐。网络时代每个人的欢乐都能变成大家的快乐。因为互联网把所有的人连在一起。

当所有人同参与、共分享时，12 亿人的力量谁可估量?

……期盼更多人参与进来，与我们一起共建中国互联网美好的未来。

“长城”“龙舟”“舞龙”，这都是团队力量的成果，也象征着具有悠久历史的泱泱中华。或许在互联网发展的道路上，需要的正是勇敢无畏、为了中国的社会和经济发展“抛头颅洒热血”的“骑士”。诚然，中国互联网发展的这些年，不断涌现为了整个中国的发展而勇于付出的互联网“斗士”。

网易早期的这一系列文案，应该是互联网人士基于“大义”的呼声，早期的互联网人士是骑士先锋，而不断加入互联网行业的人则是数不清的具有骑士精神的勇士，他们共同筑就了今日中国互联网的繁荣景象。

相对来说，互联网是中国发展相对自由和自主的行业，也是骑士精神得以彰显的行业。

## 智威汤逊具有“骑士精神”的企业文案

在广告公司的招聘文案中，我们常常见到企业关于“广告人精神”的传达，如果这种精神是必要的话，那我希望能将优秀的广告人也形塑成商业社会中的“骑士”，他们勇敢和追求卓越，同时也谦逊和诚实。当然，他们也必须这样，才能成为优秀的广告人。

**智威汤逊具有“骑士精神”的“J 种子计划”文案**

**其实，广告是一场甜蜜的冒险**

有没有人尝试过在人心和人性中冒险?

广告就是这么一回事：结果愈甜蜜，过程就愈需要冒险。

参加智威汤逊 J 种子计划也绝对是一场冒险：冒着由新鲜人变成广告人的险，冒着一生只爱做广告的险，冒着在不同品牌的战火中扮演心灵捕手的险，冒着想法以十倍速与时代竞飙的险，冒着对手越来越少的险……

为了让你冒一场绝对甜蜜的险，智威汤逊 J 种子计划透过严谨完整的训练过程与实际作业，帮助 J 种子融会贯通行销、广播与广告；借着资深指导人员、专业讲师及认养人三层式师资，来呵护 J 种子在冒险中安然茁壮成长。

你将发现，广告其实是一场甜蜜的冒险。

骑士是高智商的勇士，广告人从一定意义上而言则应该是高智商的商人。他们都应当明白唯有为这个社会带来公平与正义，才能获得人们的尊重，并获得自己想要的成就。他们也应当明白，唯有勇敢无畏，努力和拼命，才能“杀出重围”，成为翘楚。

骑士随时都在冒着生命的危险，而广告人随时都在冒着被客户否定、被对手击败以及被新人超越的可能，如同这则文案中所写的种种“冒险”。

在成为一名真正的骑士之前，需要经过侍童、扈从、见习骑士与正式骑士四个阶段。另外，他们必须学习和具备“骑士七技”。在成为正式骑士后，他们还必须严格遵守骑士的各种制度教条，发扬骑士精神。

同样，一名真正的广告人，也必须经历各个学习和成长阶段，并练就必须的广告本领。在成为广告人之后，还应当遵守各种操守，做一名优秀的广告人。

最后，我想说的是，真正的骑士是正义的化身，他们为了正义而“仗剑天涯”。然而在现代社会，在强大的政治力量和军事力量重压之下，真正的骑士和骑士精神已经消失了，骑士和骑士精神已成为历史的美谈，是我们悬挂在墙上和记忆中的影像，所以，尽管我努力寻找骑士的印迹，但这一篇中我所找的文案其实都有些牵强了。

不过，我希望能多出现一些骑士精神的文案。不管如何，广告文化依然是整个社会最活跃的文化。中国社会需要骑士精神，人们心中也需要骑士精神来填充空虚感和无力感，所以借“骑士”之名的广告一定会获得人们的好感，也对我国的精神文化建设具有积极意义。

# 第6篇 纵情

## 6.1 自由

照我看来，自由是一个人追求的最高境界。说自己想说的话，做自己想做的事，活出自己的样子，不受任何人和任何规则的约束，畅行人生。

在各种制度制约下的世界，要自由地生活，需要有足够的智慧去指引我们找到一条路，在这条“路”上，我们可按自己的方式走下去，而且能保证相应的物质生活。

关于自由，很多歌曲的词作者写出了很好的歌词，Beyond 演唱的《海阔天空》中这样写道：“原谅我这一生不羁放纵爱自由，也会怕有一天会跌倒。背弃了理想谁人都可以，哪会怕有一天只你共我。仍然自由自我永远高唱我歌，走遍千里。”在指南针乐队的《随心所欲》中，这样写道：“在你的世界里随心所欲，别去理会满天的无聊话题；在你的世界里随心所欲，只要你能活出一个最好自己；在你的梦想里随心所欲，快来加入自由自在的一场游戏；在你的疯狂里随心所欲，一生是轻松的欢喜，不留下一点点痕迹。”

关于自由，我无法用完美的语言来描述。或许是我想要什么就要什么，我想不要什么就不要什么。也或许什么都不是我要得到的，但是我什么都不会失去。自由是一种精神状态，是一种人生态度，是一种生活方式，“任由自己，随心所欲”。

或许自由是一种非常抽象的状态，非常直接地以“自由”之名创作的文案并不多，不过在很多文案中都潜在地诉求自由，由于这些文案不只是从“自由”出发，所以我们不在“自由”这一节里阐述，而放在了本书的其他章节。

### OPPO Ulike“享·自由”系列视频广告文案

OPPO 在推出 Ulike2 手机时，发布了系列视频广告，这一系列视频广告以“享·自由”为主题，从三个广告代言人的角度出发，对“自由”做了不同的阐释。这一系列文案是比较接近生活的，也比较符合 OPPO 手机目标受众的口味。

**OPPO Ulike“享·自由”系列视频广告文案之“曲婉婷”篇**

宇宙是有魔力的，它会给想要实现梦想的人实现梦想的机会。

每个人心里都有一首歌，你不仅要听得到它，还要大声地把它唱出来。

（歌词）“没有一点点防备，也没有一丝顾虑，你就这样出现在我的世界里，带给我惊喜，情不自已。”

我不想做别人设计好的曲婉婷，我想做曲婉婷的曲婉婷。

（歌词）“可是你偏又这样，在我不知不觉中，悄悄地消失，从我的世界里，没有音讯，剩下的只是回忆。你存在我深深的脑海里，我的梦里，我的心里，我的歌声里。”

自由就是，知道你的最爱，并无所顾忌地爱它。

享 · 自由。

OPPO Ulike2

**OPPO Ulike“享·自由”系列视频广告文案之“陈漫”篇**

眼睛可以读出最妙的光线，看到最完美的细节，抓住最震撼的瞬间。

我是“80 后”见证物质梦想变成现实的一代。

自由就是一种当下的感觉，当下你身边发生的一切事情，这一刻，这一刻，这一刻。

这座城市里所有自由的心，都是我灵感的来源。我觉得美是一种自然的表达，不需要刻意去创造，只需要一双自由的眼睛，替世界的美好取景，为自由的心创作。

我是陈漫。

享·自由。

OPPO Ulike2

### OPPO Ulike“享·自由”系列视频广告文案之“Molly”篇

脚小的女人恋家，那是屁话。

我曾经做过一个梦，一个有关远方的梦。

我一直在寻找那个地方，我知道，它一定会在。

对于未来，我一点儿也不担心。因为时光会把我变得更好。

我只担心一件事，就是死前没有把这个世界看完。

我是 Molly，

自由就是，

路再长，也长不过我 35 码半的脚步。

享·自由。

OPPO Ulike2

OPPO 手机走的是小清新和小文艺的路线，迎合都市小女生。

都市小女生对自由是有特别需求的，她们希望远离父母的“管辖范围”，希望去自己想去的地方旅行，希望有平台，有机会表现自己的文艺天分，希望找到自己喜欢和适合的路，希望拥有小小的幸福与成就。

OPPO 手机广告带给其目标受众的感觉是这样的：拥有一个 OPPO 手机，

就像是拥有一个理解和支持自己的小伙伴或者闺蜜，能够分担烦恼和分享喜悦。让自己勇敢起来，去实现小小的梦想，过自己想要的不过分的幸福生活。

## 电影《黄金时代》以“自由”之名的文案

属于我们的黄金时代将在何时到来？

黄金时代可谓我们人生当中最宝贵的一段时期。每个人都拥有属于自己的黄金时代，每个人的黄金时代也都包含着不同的特殊内涵。

黄金时代象征着人生巅峰的到来吗？黄金时代是那个我们可以毫无顾忌、敢打敢拼的时代吗？黄金时代是我们还拥有大把时间去折腾的时代吗？

有的人认为青少年时期是一生中的黄金时代，也有的人认为事业巅峰时期才是自己的黄金时代。但有的人却认为，只有获得了想要的自由才算迎来自己的黄金时代。

**电影《黄金时代》文案**

我只愿蓬勃生活在此时此刻
无所谓去哪
无所谓见谁

那些我将要去的地方
都是我从未谋面的故乡

那些我将要见的人
都会成为我的朋友

以前是以前
现在是现在

我不能选择怎么生，怎么死
但我能决定怎么爱，怎么活

这是我要的自由

我的黄金时代

自由的真谛是什么呢？自由是把握当下，莫问前路；自由是把生活当作一次没有目的地的旅行；自由是将自己交付于大自然，与大自然融为一体，把每一寸土地当作自己的故乡，把旅途中遇到的每一个人当作自己的朋友。

人生的开头和结尾我们都无法控制，那我们就来掌控中间的过程吧！

## 6.2 旅行

What is a journey?

何为旅行?

A journey is not a trip. It's not a vacation.

旅行不是一次出行，也不只是一次假期。

It's a process. A discovery. It's a process of self-discovery.

旅行是一次过程，一次发现，是一次自我发现的过程。

A journey brings us face to face with ourselves.

真正的旅行让我们直面自我。

A journey shows us not only the world. But how we fit in it.

旅行，不仅让我们看到了世界，更让我们看到自己在其中的位置。

Does the person create the journey. Or does the journey create the person?

是我们创造了旅行，还是旅行造就了我们?

The journey is life itself.

生命本身就是一场旅行。

Where will life take you?

生命将引领你走向何方?

Louis Vuitton

路易威登

这是路易威登（简称 LV）的视频文案，之所以将其放在本节的开头，是因为我认为它能很好地诠释“什么是旅行”。我想，除此之外，已经没有更好的言语来解释清楚“什么是旅行”了。在我能看到的所有文字中，从没有将旅行阐述得如此深刻而简练的。

我曾不止一次地认为，写出这则文案的创作者一定是一位伟大的文学家、哲学家和旅行家。最重要的，他一定是一位生活家，真正的“生活大师”。

从品牌形象提升的角度来说，这则文案让 LV 真正具有了其他品牌不可比拟的价值，LV 不再是一个包包，而是具有哲学内涵的名字，一个象征，一个精神高地。LV 的价值已经不能单纯用金钱来衡量，所以它是一个名副其实的“奢侈品”，所以它值得你付出大量的金钱，因为 LV 的内涵是无价的。

作为一名广告人，我深知广告及广告文案是如何“引诱”消费者进行消费的。尽管如此，我仍受到这则广告的影响。未来的某天，我一定会去买一个 LV 的包包，以此向写出这则文案的作者致敬。

好了，我可能太过于推高这则文案的价值了，以致使其他以“旅行”之名撰写的文案似乎都不足道了。不过，只要是有关旅行的文案，一般都能打动人，因为我们总想“生活在彼处”，我们总在幻想另一个世界。所以，我们必须旅行。

## 以“旅行”之名的短文案

从我们出生开始，我们就踏上了旅行的路途。旅行不是非得要抵达某个遥远的地方，心灵的每一次漫游或跌宕都是一场旅行。

“旅行”不是背包客的专属名词，人人皆在途中。当身体踏上一段旅途的时候，心灵便跟你一起经历沿途的风景。当你将旅行看作一次回忆或者一次心灵的交互时，身体也会随之获得解放。无论是何种性质的旅行，尽情享受就好。

● OPPO R17《旅行的意义》：旅行的意义，在于沿途发生的不期而遇

人生就是一场旅行，无须太过在意得失，沿途的风景便足够欣赏。没有约定，意外遇见便是旅行最难忘的际遇。都市青年们越来越向往一场难忘且美好的旅行，OPPO 看到了这一点，它努力向年轻人靠拢，以期获得灵魂的共鸣。

● 爱彼迎：旅行中，像当地人一样生活

旅行的意义究竟是什么呢？除了我们期待的那些不期而遇，我们还应当用心去感受每一寸土地的气息。不把自己当短暂的过客，试着像当地人一样生活，感受他们的快乐，重新获得一次新生。

● 爱彼迎：旅行时的妈妈，好像和厨房里的她不太一样

妈妈在你心中是什么模样？是平日里那个不修边幅的家庭主妇吗？别再让母亲被厨房禁锢，让她去释放天性吧！带上妈妈去旅行，可能旅行时的那个妈妈，才是最真实的妈妈。

● 金士顿 U 盘《记忆的月台》：记忆是一趟旅行，我们一同上车，却在不同的时间下车，但是，记忆永远都在

旅行总能给人们带来奇妙的感受，一提到旅行，我们便不由自主地觉得全身放松。金士顿将美好的记忆比喻为一趟旅行，二者的巧妙结合使这则文案的意境得以升华。这些奇妙的“记忆旅行”，将永远储存于 U 盘和我们的心中。

## 左岸咖啡馆饮品“旅人”系列文案

在以“旅行”之名的长文案中，左岸咖啡馆饮品的文案堪称典型。

这一饮品品牌除前文以“孤独”和“阅读”之名的经典广告文案外，还

曾以一名旅行的年轻女子的名义，撰写了大量的旅行摘记形式的文案，希望塑造一个受到年轻女性喜爱并带有法国浪漫文艺色彩的饮品品牌。

**左岸咖啡馆饮品“旅人”系列文案之“火车站”篇**

走出圣拉查尔火车站与走进圣拉查尔火车站的人，在那个时刻都有某种漂泊的匆忙感。于是，走出来的人便又走进咖啡馆。

只要喝咖啡，似乎就有了下车的终站感，这就像收票员的工作。昂列、拿铁、卡贝拉索带你去的地方都不一样。

“你今天想去哪？”咖啡馆的老板对我说着，同时转身挑选咖啡豆。

我看着一罐罐咖啡豆标识回答：“即使是收票员，也有想去的地方吧！我今天想去摩天轮收票员或圣拉查尔火车站收票员会去的地方。”

咖啡馆老板严肃地回答我：“收票员不去任何地方，他只为旅客确定要前往的那个地方，的确是那个地方。”

不一会儿，咖啡馆老板为我端来一杯咖啡，

在强烈纯粹的咖啡香中，他说：“在出发中……”

火车站的旅客怀揣一颗什么样的心？伴随那种漂泊感与匆忙感，旅客总在寻找一个落脚的地方。在那里，旅客不但可以让疲惫的身体得到歇息，而且也能使漂泊的内心获得片刻放松，咖啡馆正好是这样的一个地方。在咖啡馆，一切都停了下来。

不过，旅客是不会一直驻足的，当短暂的歇息过后，他将要去往下一个地方。旅行就是他的生命，他因旅行而活着。

其实，每个人都在想着去下一个地方，尽管他的身体没有在旅行中，但他的内心可能早就在旅行的路上了。

作为文案创作者，应该深知旅行者的心态，应使自己成为一个旅行家，包括身体和内心的旅行。

另外，以“旅行”为主题的广告文案中，左岸咖啡馆饮品还有一个以“名人”之名的旅人系列文案。

**左岸咖啡馆饮品“旅人”系列文案之“波伏娃”篇**

她又要离开巴黎了

人们说，女子不宜独自旅行

她带着一本未完成的书

独自坐在咖啡馆中

那是一种阴性气质的书写

她喝着拿铁咖啡与奶，一比一

甜美地证明着第二性，不存在

那香味不断地从她流向我……绝不只有咖啡香

这是 1908 年中的一天，女性成为一种主要性别

她是波伏娃

我们都是旅人，相遇在左岸咖啡馆

（备注:《第二性》是法国作家波伏娃的代表作）

**左岸咖啡馆饮品“旅人”系列文案之“肖邦”篇**

他从波兰来

旅行的人，总带着脆弱的灵魂

他在找一架钢琴

我看见他走进咖啡馆

想送给 E 大调练习曲

他只点了一杯卡贝拉索

但爱情是交响曲

这个时刻人来人往正以练习曲步调在我们之间进行
E 大调练习曲便成为离别曲，这是 1849 年之前的事
他是肖邦
我们都是旅人，相遇在左岸咖啡馆

### 左岸咖啡馆饮品“旅人”系列文案之“达文西”[1]篇

在巴黎，微笑可以用法语发音
他说微笑的名字叫作蒙娜丽莎
即使在安静的咖啡馆中
那笑是无声的
一杯昂列，让周边有了热络的氛围
足以让歌手们、乐师门、丑角们，都为这一刻活了
我看着他，与他相视一笑
这是 1516 年
他带着蒙娜丽莎的微笑来到法国
他是达文西
我们都是旅人，相遇见在左岸咖啡馆

### 左岸咖啡馆饮品“旅人”系列文案之“雨果”篇

走出芙伊昂丁花园
我闻到他带着花香、果香
他说着：我们是花，是枝，是光

[1] 达文西，即达·芬奇，意大利文艺复兴时期著名画家，《蒙娜丽莎》是其主要代表作之一，代表了达·芬奇的最高艺术成就，画中的微笑具有一种神秘莫测的千古奇韵，被不少美术史家称为“神秘的微笑”。我国港台地区习惯于将达·芬奇的名字译为“达文西”。

直走进咖啡馆寻找一种灌溉
谁渴了，就来饮；谁倦了，就来沐浴其双翼
他啜饮了一口芙朵奶茶
那浪漫的念头轻易地结束了古典主义
使他说出的字都溢着蓝莓味与蔷薇香
这种种气息与味觉都记忆在 1840 年的光影集里
他是雨果
我们都是旅人，相遇在左岸咖啡馆

这一系列文案，将左岸咖啡馆饮品的历史感、文艺感和名望感一下子提升了，一个带着历史风尘和浓厚文艺气息的饮品品牌映现在我们面前。在广告文案中，这些留名青史的文学家或者艺术家都曾经流连于左岸咖啡馆，他们的文艺气息与左岸咖啡馆相互感染，造就了伟大的文学和艺术，也造就了声名远播的左岸咖啡馆。

文学家和艺术家都是旅人，因为旅行带给他们丰富的精神体验，经过咖啡浓香的“熏陶”，形成了传世的经典作品。

“我们都是旅人”，对于文艺小女生来说，都希望能更近和更真切地感受历史文人与艺术家的精神世界。饮品生产商赋予一款饮品左岸咖啡馆的文化，来满足文艺小女生的精神需求，她们只需要花一点儿零花钱，来购买一杯咖啡就可以了。

对于大部分文艺小女生来说，要去到法国塞纳河畔感受左岸咖啡馆的气息是有一定困难的。根本上，她们脑子里想要的很多东西都只能存在于幻想之中，比如“白马王子”。但是她们可以拥有一张“白马王子”一般的影星和歌星们的签名纪念品，她们可以去听一场偶像的演唱会，或者和影星合一个影。这样，她们也能得到小小的满足，正如喝一杯名叫“左岸咖啡馆”的咖啡或者牛奶饮品带来的满足感一样。

## 6.3 乐活

每个人都向往美好和快乐的生活，每个品牌都希望成为人们美好快乐生活中的“一员”，或者为人们的生活添加美好的色彩。

在以“美好快乐生活”为名的广告中，汽车、家电和数码产品是比较常见的。汽车带给人们快捷的车轮上的生活；家电则为我们的家庭生活带来了很多方便，减轻了家居的劳动量；数码产品能带来很多美好的感受。科技型的产品都是为了更美好的人类生活而生，在这些产品品牌的广告中表现美好的生活是很适合的。

### 以“乐活”之名的汽车文案

一辆家用轿车，能让我们的生活变得更加丰富多彩。家用型轿车广告商抓住了这一点，在广告中充满了美好生活的画面，吸引爱家和爱生活的人士踊跃购买。

● 高尔夫：很生活

一辆生活化的汽车，和你的美好生活融为一体。

● 福特：活得精彩

福特，象征着精彩的人生。拥有福特，在生活中处处展现你不一样的才华。

● 宝来：乐趣即生活

一辆汽车，能给你的生活带来很多乐趣，让你随时享受充满乐趣的生活。

● 爱丽舍：精致生活，精彩演绎

拥有爱丽舍，享受精致的生活，让你的生活处处都有精彩表现。

● 奥迪 TT：生活就像一面镜子，折射出不一样的自己

或许我们早已厌倦了日复一日的工作，厌倦了平凡的自己。换个角度想一想，其实生活每天都有新挑战，而我们就是生活中的挑战者。此时的生活

就如同一面镜子，每攻克一个难关，我们便重生一次。因为生活，我们才能够看到不一样的自己。

## 以“乐活”之名的家电文案

家电产品，主要为了解决人们家居生活中的各种麻烦，使人们的生活更方便和快捷，每一种新的家电产品的诞生，都让我们的家居生活从此变得不同。

- 西门子：灵感点亮生活

一点点的灵感，就能为生活带来一些小发明，让我们的生活变得更加美好。

- 美的：原来生活可以更美的

人类生活，因为家电产品的不断研发和更新换代而变得更美。

- 通用电器：GE 带来美好生活

通用电器，是多元化的电器制造商，从各个方面满足我们的电器所需，人类拥有无限的智慧，人类的生活应该变得更好。

## 以“乐活”之名的其他文案

以“乐活”之名的文案不局限于汽车和家电领域，很多领域的产品都能给我们的生活带来便捷和满足，我们的生活也因此更加丰富多彩。

- 土豆网：每个人都是生活的导演

想要什么样的生活就由自己来主宰，每个人的生活都可以是一个剧本。每个人都可以导演自己的生活，演绎自己最精彩的一面，让生活更加具有品质和意义。

- 支付宝：每一笔支付，都是生活的温度

生活不仅仅因为努力和奋斗而有意义，也因为消费或享受而有意义。为了让生活更加美好，我们通过支付宝有了一笔又一笔的支付。生活是有温度的，支付也变得有温度起来。

- 万科：卸下你心里的围墙，你会发现生活的原味

我们无须筑起一道围墙将自己封锁在围城之内，卸下心中的围墙，我们

会发现生活的原味。万科的文案想告诉我们，万科已为你准备好生机勃勃、美好和谐的温暖“社区”。

● **阿里全球速卖通：生活，未必永远明亮；生活的意义，仍可轻松点亮**

生活未必会一帆风顺，但生活的真正意义就在于于平凡中创造不平凡，生活的意义也因为点滴的不平凡而被轻松点亮。阿里全球速卖通，会给许许多多普普通通的生意人带来更美好的生活。

# 第7篇 理智

## 7.1 哲理

一则文案，不仅能传递信息，还能引发人们的思考，给人们以启发。理想化一点来说，广告人也肩负着教育大众的责任，教育人们拥有美好的心灵，达到至真至善的自己。

广告的最终目的是提升销售，使广告主的利益最大化，而我个人所倡导的是利用好的文案尽量使广告能带给人们美好体验，由心感化受众，从而取得受众的信赖和追捧。这样的广告并不多见，但这样的广告一般都会取得很好的效果，人们喜欢和有思想、有哲理的人沟通，当然也喜欢有思想、有哲理的广告和广告文案。

### 富有哲理的短文案

广告语是广告诉求信息的浓缩精华，一般都较为抽象，文字简短却意义丰富，这与名言警句的特征比较类似，即其目的都是试图用精练而抽象的文字来劝服人们，唯一不同的是，广告在于商业利益，而名言警句在于文明进步。

● 三叶钢琴：学琴的孩子不会变坏

三叶钢琴没有说它有多好，也没有直接劝说你购买钢琴，而是告诉你一个道理，一种教育孩子的理念——“学琴的孩子不会变坏”，所以你可以考虑购置一台钢琴，或许你的孩子不会成为音乐家，但至少孩子不会变坏。

● 诗玛表：未曾经历，如何懂得

只有亲身经历，我们才会真正懂得生活中的道理。所以，我们要勇敢地尝试，有了亲身的体验，才会真正明白。诗玛表，没有诉求它有多好，但它相信你体验了之后，会有美好的感受。

● 统昂幻象马雅咖啡：心，是人生最大的战场

“心”是一切的起源，你需要给自己时间。喝一杯咖啡，让自己静下来，和内心对话，让自己拥有一颗勇敢和坚强的心，让你在人生征途上“战无不胜”。

● 新加坡征兵宣传：除了你自己，没有人会为我们的国家牺牲奉献

一个国家是由无数个“我”组成的，如果连我们自己都不愿意为自己的祖国牺牲奉献，又还会有谁勇敢地站出来呢？这是这则文案中所隐藏的内在逻辑，它会在看似不经意间引发国民的思考，这比直接要求国民服兵役的效果好得多。

● 《锋味》第四季：今天永远比明天年轻一天，珍惜今天

尽情享受每一个更年轻的一天，今天永远比明天年轻，你应该更喜欢今天的你，而不是希望明天尽快到来。珍惜今天，全力绽放，这和《锋味》的受众年轻化是契合的。

● 红星二锅头：如今共苦，迟早同甘

在我们的传统文化当中有“同甘共苦”之说，许多白酒品牌也倾向于向消费者传达“敢打敢拼”的品牌理念，以此激励消费者并以期寻求他们的情感共鸣从而受到他们的青睐。红星二锅头的目标受众主要是相对中低端的饮酒人群，这些人们大多处于事业的起步和上升阶段。它借文案告诉目标受众，珍惜身边的兄弟，一起拼搏，一定会有所成就。

● 红星美凯龙《更好的日常》：生活是否美好，取决于拥有怎样的日常

美好的生活是一个过程，还是一个结果？你怎么度过今天，你就拥有怎样的人生。让每天的生活都精彩起来，而不是幻想明天会是怎样的精彩。

● 北大宣传片《星空日记》：不是现实支撑了你的梦想，而是梦想支撑了你的现实

我们都是追梦人，也正是因为我们一直在追梦的路上奋斗不息，所以才有了如今的生活。若现实支撑不起我们的梦想，那就让梦想作为指引我们前进的灯塔吧！这则宣传片不仅是对北大人和未来北大人的激励，也是对中国大学生和未来的大学生群体的激励。

● 远东电缆：如果五指一样长，怎能满足用户不同需求

每根手指长短不一，但都必不可少，每根手指都有其特别用处，这是一个简单的道理。远东电缆并没有诉求自身的特性，但这句广告语已经暗示，它在致力为不同的用户提供不一样的产品和服务。

● 中华好风尚公益广告：没有老师，你就读不懂这句话

需不需要尊敬老师，并对老师怀着感恩之心？这由你自己决定。读得懂这句广告语的人都能领会。

● 孩子成长公益广告：你做什么，孩子就跟着做什么

要怎么教育孩子，你自己决定。但是你不得不记住这个道理，你做什么，孩子就跟着做什么，别再把教育的话语放在嘴上了。要教育好孩子，不需要“言传”，只需要“身教”。

● 江小白：耽误你的不是运气和时机，而是你数不清的犹豫

我们总有一百种借口为自己不堪的现状开脱。抱怨没有遇上伯乐，抱怨总是遇不上对的时机……不过可能一切都没有问题，主要的问题是你总在关键时刻的迟疑和犹豫。江小白总会呈现一些“扎心”的文案，这一文案就是典型。

● 几米《我的错都是大人的错》：大人都说孩子的天空无限宽广，难道大人和小孩子的天空不一样吗

孩子不经意的一句反问，会让大人猝不及防，几米的这一文案一定是比较有代表性的一句。天空都是一样的天空，如果孩子天空是蓝色的话，那大人的天空难道不是蓝色的吗？漫画家希望大人不要给孩子太大的压力，而对自己则自暴自弃。无论是孩子还是大人，我们都共同生活在同一片天空之下，

一方面，孩子本身面临的问题和压力不见得比大人小；另一方面，如果相对弱小的孩子们都拥有美好的未来，那么作为相对强大的大人，未来的空间岂不是应该更大，更美好！

## 富有哲理的台湾儿童教育视频广告文案

孩子是我们的未来，每个家庭对孩子都怀着期待，但是孩子应该怎么教育？这是一个没有最终结论的论题。有人把它谈得很复杂，有人却把它说得很简单。台湾的一则视频广告，用简单的表现方式让我们明白了一个深刻的道理。

**富有哲理的台湾儿童教育视频广告文案**

"什么都不能跟人家比，谁像你一样没有用啊？"

"没有谁能像你一样啊，不用什么都跟人家比。"

态度改变，孩子的人生也会跟着改变。

这是一则简单直白的视频广告，同样的18个汉字，可以组成"什么都不能跟人家比，谁像你一样没有用啊"，也可以组成"没有谁能像你一样啊，不用什么都跟人家比"。

同样的字眼，却表达了两种完全不同的教育观。儿童教育，需要从孩子的角度出发，发现他的天赋，鼓励他去追求，培养他的特长，而不是简单地和其他的孩子进行比较，或者一味地压制或恐吓。

## 富有哲理的富士相机文案

相机记录的是美好生活吗？我想相机的意义不仅局限于此。富士相机曾主张相机应当去观察、记录和理解这个世界，我认为手中拿起相机的人应当学会去观察和思考世间万物。相机不应该仅仅成为一个拍摄工具，它应该成为你审视社会和世界的"另一双眼睛"。

富有哲理的富士相机文案

**欺凌**

怎样算欺凌?

十人欺负一人是欺凌，一百人欺负一人也是。

那么一万人呢?

是正义啊。

真奇怪。

富有哲理的文案都擅长运用逻辑推理，总能让你在语言的逻辑关系中，产生新的思考。十个人和一百个人去欺负一个人的时候，我们会理所当然地批评欺负者，而当一万个人欺负一个人的时候，我们往往就不再发出我们的声音，而是任由被欺负者受到“正义”的处理。

用相机记录真实，不受当权者的影响，也不受舆论的裹挟，看见真实，公布真实。这是富士相机对摄影师的价值导向，也是一种品牌精神的价值主张。

## 7.2 建议

生活中总会有各种各样的人给我们建议，而且在我们拿不定主意的时候，我们也会主动寻求他人的建议。在我们看来，建议的一方一般将自己摆在中立的位置，因此给出的建议看起来都比较中肯，让人值得相信。

在广告越来越令人们反感的今天，广告商为了不让受众产生逆反心理，就往往采用建议的形式进行广告诉求。在广告中就某一种事物给出一个观点，或者就某方面的选择给出一种建议。受众在看到或听到这样的“话语”时，感觉就像是来自周围的人的一个推荐或建议，对广告的反感会减弱，并尝试性地接受广告中的“观点”或“建议”。

以“建议”之名的文案大多口语化、生活化，文案的情绪平静而自然，不带有明显的情感刺激，对于受够了种种诱惑和刺激的广告受众来说，这样的广告更容易获得较好的广告效果。

● 欧莱雅：你值得拥有

你值得拥有，欧莱雅经由大量的广告将这句广告语深入中国人心，使欧莱雅成为人们心中中高端的品牌化妆品，成为人们真的觉得“值得拥有”的化妆品。

● 花王洗发乳：你也试试看

“你也试试看”，就像来自你好朋友的一句话。如果能有合适画面的配合，广告语会取得更好的效果。广告语没有强迫感，好不好，真不真，你“试试”就知道了。

● OMO（奥妙）：Dirt is good（污垢是好的）

奥妙的广告，建议父母让孩子们自由地玩耍，不要担心他们的身体和衣服被弄脏。污垢来自自然，不要因为污垢而阻止孩子们和大自然接触。要让他们融入大自然，在接触中学习。

● 美即面膜：停下来，享受美丽

生活不是目的，而是一个过程。你应该享受生活，而不是为了生活失去一切，停下来，给自己一点时间，让自己更美丽，享受自己的美丽。

● 统昂曼仕德咖啡：生命就该浪费在美好的事物上

“咖啡时光”与“美好时光”是同义词，享受美味的咖啡，享受和朋友或情人之间的约会，生命应该有它曼妙的一面。

● 慕思：你不会把睡觉带到重要场合，那也不该把白天的事带到床上

累了一天，晚上让自己睡得好一点。一个成功且自律的人士会规划好自

己的工作和生活。慕思的文案刻意塑造一种严谨的商务形象，这会让具有购买力的中高端人士很受用。

● 马爹利洋酒：心意有别，心中有度

适度地交心，适度地饮酒。酒类产品的广告原本是为了提升销量，可是为了争取人们的好感，也在广告中建议适度饮酒，就如同饮酒者的亲人一样，让品牌与消费者更亲近。

● 解久益：别让今天的应酬成为明天的负担

这句话就更像是来自“妻子”对嗜酒“丈夫”的规劝，广告商的商业本质完全被隐藏。这句广告语不光能引发“妻子”的共鸣，也能给“丈夫”带来“温暖”，从而使商品品牌深入人心。

● 金嗓子喉宝：保护嗓子，请用金嗓子喉宝

“……，请……”“……，去……”“……，就……”是常见的广告语句式，很简单也很直接，但效果都不会太差。这将产品或服务与某种特性、功能或效果联系在一起，让人们在有相关需求的时候第一时间联想到该品牌。

● Playboy 手表：简单就是最好的

极简即极美，当你在简单和复杂中犹豫不决的时候，Playboy 没有告诉你应该如何选择，而是给出一个观点，即“简单就是最好的”，这其实是在“引诱”你选择简单的——简单的 Playboy 手表。

● 福特：你不妨数数身边驶过了多少辆“福特”

这是比较典型的以“建议”之名的广告语。当你不知道该不该选择福特汽车的时候，福特作为销售方给你的建议就是这样的。福特没有勉强你选择它们，或者给你更多的诱惑，而是让你换一种更客观的方式来做决定。

● 奔驰：买包解决不了的问题，背包试试

这句文案来自奔驰关注全球女性的宣传片，这则宣传片打破了传统汽车广告以男性诉求为主的惯例，转而关注女性的内心宣言和新时代女性的价值观。

对于都市女性，我们都会调侃说“包”治百病。其实漂亮的包或许并不能真正解决你（女性）的问题，或许你可以买一辆奔驰，背上背包，独自开车去旅行，寻求大自然的帮助，也是不错的选择，而这正是奔驰想要的。

● 克莱斯勒：你买汽车不来考虑一下我们克莱斯勒的汽车，那你就吃亏了

当我们说出“我们”的时候，都是带着某种自豪感的。在该广告文案中，“我们”是团结的、诚恳的和优秀的一群，“我们”是富有责任感、表现积极的一群，“我们”生产的克莱斯勒汽车也是值得信赖的优秀的汽车。你可以不考虑，但如果你不考虑，那你会吃亏的。

## 7.3 体验

最好的体验代表着最健康、最安全、最美味……关于美好的体验，我们都会找到合适的形容词，比如温暖、清爽、舒适以及美妙等。人们追求美好的体验，也追求能带来美好体验的产品和服务。

休闲食品和饮品的广告大多从饮食带给人们的体验感出发，将产品的最佳体验感通过简洁易记的广告语表现出来。人是追求美味的动物，在广告中描绘食物或饮料的美味感受，总是能勾起受众的饮食欲望，让人们失去理性的思考，让人们无法抵挡美味食物的诱惑。

● 南方黑芝麻糊：一股浓香，一缕温暖

南方黑芝麻糊有多香，多好吃？只要想起那一句“小时候，一听到芝麻糊的叫喊声，我就再也坐不住了……”就可想而知了。南方黑芝麻糊，代表了浓香和温暖的感受与记忆。

● 雀巢咖啡：味道好极了

雀巢咖啡的一句“味道好极了”，影响了中国几代人。味道真的好极了吗？广告是这么说的，人们也信了。这就是广告和广告文案的力量。

● 日本酸奶：有初恋的味道；

橘子广告：甜过初恋

初恋的味道是什么样的，那种奇特的美妙感受，我们无法用词来形容。在广告时代，你可以通过对商品的体验找到这种感觉。初恋总是带给人美好的想象，而“甜过初恋”的感觉又会是什么样的感觉呢？

● 雪碧：晶晶亮，透心凉

雪碧的广告语简单而单纯，朗朗上口，容易记忆，将雪碧的视觉体验和味觉体验都做了具象诠释。这和追求简单和率真自我的年轻受众的感觉完全融合。

● 傻子瓜子：一嗑就开心

傻子瓜子在 20 世纪 90 年代盛行中国。曾有一种说法，就是傻子瓜子的厂家能保证炒出来的瓜子，每一颗都只需要轻轻一嗑，里面的仁儿就会跳出来。“一嗑就开心”不仅象征炒瓜子的品质感，还象征着嗑瓜子的精神体验。

● 德芙巧克力：牛奶香浓，丝般感受

德芙巧克力，深入年轻女性的心，成为女性美好感受的象征。牛奶般的香浓，丝滑无比的感受，让中国女性为了这种感受而倾倒。

在德芙的一则电视广告中，广告女演员做了这样的表白，“有两样东西，我不会错过。一样是回家的末班车，另一样是尽情享受每一刻的机会”，而后，旁白说出“德芙，此刻尽丝滑”。

# 第8篇 诚实

## 8.1 坦诚

我们都喜欢坦诚的人，我们都希望能从别人口中听到实在话。坦诚的人对于我们来说是没有危险的，是对我们有益无害的。不过面对不坦诚的人，我们就会设置心理防线，我们不会轻易相信对方的话，也不会轻易向对方敞开心扉。

同样，如果品牌的文案表现得很坦诚，就会打消我们的顾虑，让我们打开心扉，继而在无意识中接受隐藏在文案背后的信息。从这个角度来说，文案是极其“狡诈”的，不过，这有什么办法呢？这是我们的职业，我们以此为生，我们并没有坑蒙拐骗，我们只是选择用最适合的文字来表现客户的产品而已。我们的本意不是欺骗消费者，而是让我们的客户在面对同类产品的竞争时，能存活下来。

所以，我们可以换一种更悦耳的说法，那就是坦诚的写作其实是文案人员最聪明的表现。人们需要听到中肯的建议，人们需要信息公开透明化，那么，我们的广告就应当尽可能地做到这一点。相信我，如果我们的广告对消费者好一点儿，消费者也会对我们广告中的产品好一点儿。

另外，也请相信我，如果是“骗子”，就一定会被人认出来，尤其是低智商的骗子，更是会被人一眼认出来的。希望你的文案不要被人一眼就认出来是在“骗人的”。我始终相信，坦诚是文案写作的首要准则，我在我其他的著作中也一再强调，坦诚是文案写作的第一准则，也是唯一的准则。

记住，这种坦诚，不是“装”出来的，而是真心实意、由心而发和不折不扣的“坦诚”。

## 坦诚的短文案

广告语、广告口号或广告标题是一则文案、一则广告、一场营销活动甚至一个品牌的灵魂，在对其创作时需要考虑各方面的因素，也会受到各方面的影响，尤其是品牌广告语的创作。所以我们看到的大多广告语都是抽象和空泛的，其打动力和记忆度都较差。只有通过品牌常年的广告宣传，才能将广告语深入人心。

相反，一些陈述具体、表现坦诚的广告语却能快速深入人心，获得消费者的好感，并快速传播产品的诉求信息。我认为下面的广告语或广告标题就是这样的类型。

● 大众甲壳虫：Think small（想想小的好处）

大众甲壳虫宣布停产了，这让世界少了一种特立独行的车型，也让甲壳虫的爱好者们伤感不已。不过在文案领域，甲壳虫给我们留下了不可磨灭的经典，特别是这一句“Think small”。

“Think small”没有直接诉求大众甲壳虫的小和利益点，而是让你自己去思考一辆小车能带给你的具体好处。

● 大众甲壳虫：该车外形一直维持不变，所以外形上很丑陋，但其性能一直在改进

还是大众甲壳虫，几十年来这款小车的造型一直不变，人们对它似乎颇有意见，不过就算你腻味了它的外形，但你不应该担心它的性能没有改进。

● 富兰克林：一辆永远不会给你带来麻烦的汽车

车主不希望买到一辆总是出问题的车，富兰克林深知这一点，所以它不

想给你“带来麻烦”，希望你接受它的“好”。

● 和信电讯：不该爱的，趁早换

和信电讯没有说大道理，没有说它的好。如果你不爱你现在的服务商，那就换了吧，或许可以给和信电讯一个机会。

● 拉西尔国家公司：在你落水的时候，会狗刨式的伙伴一无用处

与上一则文案一样，拉西尔国家公司没有说自己的好，只是告诉你，你需要选一个足够优秀的“伙伴”与你同行。

● M&M 巧克力豆：只溶在口，不溶在手

M&M 巧克力豆没有吹嘘任何，它也没什么特别的，只是“不溶在手”而已，它不会粘手或者溶化在手里面。

● 中兴米：有点黏又不会太黏

“中兴米，有点黏又不会太黏”，你明白这是好米的特点，不需要矫情。

● 塔希堤岛旅游：对不起，没有麦当劳

或许这个广告标题有幽默之意，塔希堤岛是旅游胜地，但真的对不起，就是没有麦当劳。但是除了全球“随处可见”的麦当劳，你能看到和享受到更多。

● 雪佛兰：我们将你放在第一，你也会将我们放在第一

我们常说，人是一面镜子，你怎么对他，他就会怎么对你。雪佛兰深知这一点，它只是告诉你它很明白这一点。

● 中华血液基金会：我不认识你，但是我谢谢你

这句话绝对能感人于无声，广告主只是代表需要输血的人表达诚恳的谢意。虽然不认识你，但是对你心怀感恩。

● 某书籍：本书包括十个短篇小说，我熬了许多个夜晚才写出，现以一元钱奉献给读者，即一个短篇才值一角钱

我记不起是从哪里看到的这句文案，但这绝对是坦诚而感人的文案，也是具有强大“销售力”的文案。无情的金钱与有情的人心相比，有什么不值得好好珍惜的呢？

● 格伦戴尔联邦银行：千万不要让我们谦恭的态度、优质的服务和对您的

诚心蒙骗了您。我们，依然是一家银行

不管如何，银行就是资本家和政治家的金融工具，格伦戴尔联邦银行主动承认了这一点。但是它巧妙地传达了它们提供的是诚心的、谦恭的和优质的服务，至少这方面它们可以被视为比较优秀的银行，你值得选择它们。

- 尚德职业学习机构：这个世界，在残酷惩罚不改变的人

你是否还在安于现状？你是否依旧不愿意做出丝毫改变？你是否甘心自己没有一技之长而被社会淘汰？尚德职业学习机构并没有对受众进行洗脑式的宣传，而是坦诚地告诉受众目前面临的残酷现实：再不做出改变，世界就要对你做出残酷惩罚了。

- 万科：没有 CEO，只有邻居

家是让我们卸下面具尽情放松的地方，在这里你可以放下名利与地位，忘掉尊贵与虚荣，在这里没人在意你的身份，这里只有让你尽情享受的阳光、花草和“可爱”的邻居。这句广告语没有诉求房产各方面的优势，而是坦诚相待地告诉你真实的居住感受。

不过，它也暗示了这个楼盘是卖给商业大佬们的。我这么说，你会不会觉得广告主和文案创作者其实都是很“阴险”的？

- 澳柯玛冰箱：没有最好，只有更好

广告主在诉求时都会尽量避免使用“第一”“最”这样表示最大限度的字眼，毕竟这样给外界的感觉太过狂妄和自大，澳柯玛这个品牌很老实，直接告诉你：我们做不到最好，但是我们一直在进步，我们只会比现在更好。相比于强势的宣传攻势，受众会偏爱坦诚的宣传方式。

- 瑞幸咖啡；你喝的是咖啡，还是咖啡馆？我们只需要你为咖啡本身付费

喝咖啡在白领中意味着一种时尚的生活方式，但咖啡馆里咖啡的价格往往远超咖啡本身价值。有人愿意为其买单，但有人只想喝一杯没有任何商业包装口感纯正的咖啡。瑞幸咖啡洞察到了这一点，告诉受众在瑞幸只需要为咖啡本身付费，广告主也希望受众认为瑞幸品牌和纯粹的咖啡一样纯粹，也许吧。

## 极为坦诚的华航空难危机公关文案

坦诚，能够使对方对你足够信赖。即使你在给对方造成伤害的时候，坦诚的歉意表达也能给对方些许安慰。在因己之过造成危机时，坦诚还能延缓事态向坏的方向发展的速度。

意外有时总是无法避免，很多商家都会面临危机公关的问题，如何才能做好危机公关？危机公关的文案应该怎样写？我们来看看华航空难危机公关的文案。

**极为坦诚的华航空难危机公关文案**

四月二十六日。沉痛的一天。

本公司班机，于日本名古屋机场发生事故。

两百四十八名乘客与十五名飞航服务人员遇难。

这之中有支持我们的顾客，这之中有与我们朝夕相处的伙伴。

我们知道，生命，我们辜负不起，更何况还有这两百多个家庭所遭遇的伤痛。

虽然此刻说抱歉已无济于事，但我们一定要把万分的歉疚表达出来！

我们对不起过去三十五年来支持我们的顾客。

无论是什么理由，华航愿诚心接受各方的意见，并以最大努力处理善后，尽速将调查结果公布。

因为，这一天所造成的沉痛，我们一定要清楚记在心中，不让关爱我们的朋友失望。

在解决问题的方法中，坦诚是最好的方法。坦诚地说明事实，坦诚地道歉，并表示处理事件的积极态度，这有利于受害方接受事实，并相互理解，达成一个妥善的解决方案。通过主题极为坦诚的文案，能将危机化为品牌公关的良机，使品牌在事件中遭受的损失最小化。华航的这则文案就是很好的例证。

## 劳斯莱斯汽车坦诚的经典长文案

汽车的文案往往是措辞华丽和极度张扬的，甚至有些汽车品牌的广告文案会极尽所能地人为忽略汽车可能隐藏的所有问题和不安全性，将汽车带来的体验极尽吹嘘之能，使潜在购车者处于“飘飘然”的状态。当今社会，很多人一致认为，汽车是环保的杀手，是健康的杀手，也是安全的杀手，所以，当我们为汽车宣传的时候，请坦诚一点，别一再“欺骗”消费者，别抑制消费者的理性思维。

20 世纪出现的一则劳斯莱斯幻影的广告长文案，一直被誉为诚实文案的经典。

劳斯莱斯幻影汽车坦诚的经典文案

**这辆新型劳斯莱斯在时速达到 60 英里[1]时，最大噪声来自电子钟**

是什么原因使得劳斯莱斯成为世界上最好的车子？一位知名的劳斯莱斯工程师说：“说穿了根本没有什么真正的戏法……这只不过是耐心地注意到细节。”

1. 行车技术主编报告：在时速 60 英里时，最大噪声来自电子钟。引擎是出奇的寂静。3 个消音装置把声音的频率在听觉上拔掉。

2. 每个“劳斯莱斯”的引擎在安装前都先以最大气门开足 7 小时，而每辆车子都在各种不同的路面试车数百英里。

3. “劳斯莱斯”是为车主自己驾驶而设计的，它比国内创造的最大型车子小 56 厘米。

4. 本车有机动方向盘，机动刹车及自动排挡，极易驾驶与停车，不需司机。

5. 速度计之外，在车身与车盘之间，互相无金属之衔接。整个车身都加以封闭绝缘。

[1] 英里，是英制长度单位，1 英里 =1.609344 千米。

6. 完成的车子要在最后测验室经过一个星期的精密调整。在这里分别受到 98 种严酷的考验。例如，工程师用听诊器来注意听轮轴所发的低弱声音。

7.“劳斯莱斯”保用 3 年，已有了从东岸到西岸的经销商及零件站，在服务上不再有任何麻烦了。

8. 著名的“劳斯莱斯”引擎冷却器，除了在“亨利·莱斯”1933 年死时，把红色的姓名前两个字母 RR 改为黑色，从来没更改过。

9. 汽车车身的设计制造，全部 14 层油漆完成之前，先涂 5 层底漆，然后每次都用人工磨光。

10. 移动在方向盘柱上的开关，你就能够调整减震器以适应道路状况（驾驶不觉疲劳，是本车显著的特点）。

11. 另外有后车窗除霜开关控制着由 1360 条看不见的在玻璃中的热线网。备有两套通风系统，因而你坐在车内也可随意关闭全部车窗而调节空气以求舒适。

12. 座位垫面是由八头英国牛的皮制造——足够制作 128 双软皮鞋。

13. 镶贴胡桃木的餐桌可从仪器板下拉出。另外有两个在前座后面旋转出来。

14. 你也能有下列额外随意的选择，像是做浓咖啡的机械，电话自动记录器，床，盥洗用冷热水，一支电刮胡刀等。

15. 你只要压一下驾驶者座下的橡板，就能使整个车盘加上润滑油。在仪器板上的计量器，指示出曲轴箱中机油的存量。

16. 汽油消耗量极低，因而不需要买大量汽油，是一种让人喜悦的经济与实惠。

17. 具有两种不同传统的机动刹车，水力制动器与机械制动器。“劳斯莱斯”是非常安全的汽车……也是非常灵活的车子。可在时速 85 英里时宁静地行驶。最高时速超过 100 英里。

18.“劳斯莱斯”的工程师们定期访问已检修车主的汽车，并在服务时提出忠告。

19.“班特利”是“劳斯莱斯”所制造。除了引擎冷却器，两车完全一样，是同一工厂中同一群工程师所制造。“班特利”因为其引擎冷却器制造较为简单，所以便宜300美元。对驾驶“劳斯莱斯”感觉没有信心的人士可买一辆“班特利”。

该文案从标题到内文，没有一点做作，从一个体验者的角度细致地描述了这款新车的各个细节。这一份发自内心的坦诚，来自一则坦诚的文案，来自一家坦诚的公司。广告所推广的也是一款“坦诚的车”，一款即使从客观角度也描述不完其卓越的品质和性能的“好车”。这款车来自劳斯莱斯，企业的名声和收益应有文案的功劳，劳斯莱斯应该不断地为这则坦诚的文案付钱。

同时，这也是广告书中超长的一则文案，一个不负责的文案创作者是不可能写出一则坦诚的长文案的，他们只会用数不清的、毫无意义的形容词来创作。只有优秀的文案创作者才能写出优秀的长文案。当然，也只有卓越的产品才值得让文案创作者为它写出优秀的长文案。

很多时候，文案创作者的文案写得“不坦诚”，不是因为他们想那样，而是因为如果他们真的“坦诚地”去写，却会发现无从下笔，尽管他们从各方面都努力了。

所以，在此我愿意为无数的从未创作出卓越的文案作品的文案创作者们辩护，请不要过多责怪他们了。

## 台湾基督教会门诺医院坦诚的文案

在很多城市，一些医院的广告总是让我们避之不及。在此，我想我已经不需要批判或者揭露什么了。

我只想分享一则来自我国台湾门诺医院的广告，这则文案虽然有一定的煽情成分，但绝对属于一则坦诚的文案。它诚恳而感人的语言具有强大的打动力，让我们无法不“伸出援手”。

### 台湾基督教会门诺医院坦诚的文案

帮门诺医院撑下去
来自台湾后山的呼求
声音很微弱
你可能听不到

五十年来
我们第一次打破沉默
希望你能听见我们的声音
很少人听过门诺医院
事实上，在东部
我们已经默默地付出了五十年

五十年，门诺医院
一直把贫病无依的东台湾同胞
当作是自己的兄弟姐妹一样照顾
特别是慢性病人和意外伤患

我们每年诊治超过三十万名病患
更成立了脑外伤防治中心救人无数
现在，医院老了，病床旧了
需要照顾的病人却越来越多

为了他们
门诺正在扩建病房
为了他们
门诺必须撑下去

此刻，我们需要你伸出援手

帮助门诺撑下去

不要让它被遗忘在这个角落

在文案中，门诺就是这样的一家医院，里面的叙述都是门诺过去所做过的事情，不管如何，门诺依然在努力奉献，门诺现在需要你伸出援手。整个文案没有过多的语言和浮夸词汇，其给人们的直觉似乎这只是从肃静教堂里轻轻传出的一段话语，我们只是“碰巧路过”听到并由此而触发内心深处那份与生俱来的慈爱与互助之情。

文案来自一颗“诚心”，而你是否也会用一颗“诚心”相待?

## 新加坡坦诚的兵役宣传文案

坦诚的文案是从受众角度出发的文案，因为是否坦诚是由受众来判定的。坦诚的文案和“口号式的语言”天生是对立的。

新加坡是人们眼中的现代化城市国家，它的宣传文案也同样的“现代化”，我们来看一则新加坡兵役宣传文案。

新加坡坦诚的兵役宣传文案

**写下你生命中最重要的 10 件事**

如果科威特的人民在伊拉克进犯前的 24 小时被问到同样的问题，他们的答案可能会和你的一样。

但是，24 小时之后，当他们的国家被占领时，这些人生中的重要大事还会那么重要吗?

历史一直在重复一项事实，那就是，人从不知道自己拥有什么，直到失去所有。

我们在新加坡的人可能运气比较好，邻国友善，又有强援，还有充实的国防武力。

说实在的，举目四顾，我们看不到什么国防威胁。

不过，扪心自问，这些难道只是运气吗?

当然不是。这是因为1967年起，国军[1]就开始保卫我们的自由。

是新加坡军队的付出，而非运气，捍卫了我们的经济秩序，工作机会和生活形态。

我们得以生存繁荣，是人们为保持独立牺牲奉献的结果，是因为人们了解他们的牺牲奉献是值得的。

因为除了你自己，没有人会为我们的国家牺牲奉献。

（广告语）新加坡，今日所有全非侥幸。

这是一则坦诚的文案，来自一个坦诚的国家或国家机构。整则文案没有口号式的话语，只是客观诚恳地表达了新加坡的国防现状，同时也传达了新加坡需要人民加入军队来进行保护的诉求，因为“我们要保护我们自己”。

在这则文案里，我们真正体会到一个概念，那就是“人民是国家的人民，国家是人民的国家”。再直接地来说，那就是“人民就是国家，国家就是人民”。

所有把国家和人民对立起来的人，都是“窃贼”和“强盗”，或者是这些人的“一丘之貉”，是人民之敌，也是国家之敌。

这是我从这则文案中体会到的。它不仅是一则优秀的文案，同时从一个侧面也表现了一个国家的文化底蕴。

坦诚地写文案，坦诚地面对消费者；坦诚地宣传，坦诚地面对人民。

作为回报，消费者会接纳你的广告，并积极购买；人民会接纳你的宣传，并积极行动。

[1] 此处“国军”一词，意指新加坡国家军队。

## 8.2 匠心

匠心永恒，不负光阴。

有的人心中有一种执念，总是想把一件事情做到最好，所以他们的一生都在不断打磨，不断创作，精益求精。

老一辈的手艺人似乎一辈子都在重复做着同一件事，你说他不会厌倦吗？只不过他们的心地很朴实、很单纯，即使厌倦了也会把它当作自己的本分继续埋头苦干。他们把自己的一生都奉献给了自己所操持的技艺，或许从孩童时期便开始学习这门技艺，从养家糊口到后来的真正热爱，他们只为把这门技艺传承下去。

以前我们总是会忽略这些手艺人，他们孤立无援，仅凭一己之力在努力延续珍贵手艺的命脉。如今，我们费尽心思想要找寻“匠心”，越来越多的人开始称赞匠人，被他们的精神打动，同时也被他们的手艺震撼。

在文案当中借助对匠心的颂扬，也能让大众感受到品牌不一样的产品内涵。

### New Balance 以“匠心”之名的视频广告文案

一个人的代表作品并不能够代表他的天分，这些作品往往只是他与作品受众产生交流的工具。之所以能成为代表作，说明这个作品引发了受众的共鸣，受众能够感同身受，也说明受众从他的作品当中看到了他的付出。

一个匠人骨子里往往带有自己独特的气质，我们往往能从他的作品里看到他的专注与付出，看到他对完美的追求。

在这个时代，匠人或匠人精神都是一种极为珍贵的“财富”，愿我们每个人都能将匠心传承下去。

以下是李宗盛与 New Balance 合作拍摄的视频广告中的文案，让我们一同感受其中的匠心和匠人精神。

New Balance 以“匠心”之名的视频广告文案

**致匠心**

人生很多事急不得，你得等它自己熟。

我 20 出头入行，30 年写了不到 300 首歌，当然算是量少的。我想一个人有多少天分，跟他出什么样的作品，并无太大关联。天分我还是有的，我有能耐住性子的天分。

人不能孤独地活着，之所以有作品是为了沟通。透过作品去告诉人家，心里的想法、眼中看世界的样子、所在意的和珍惜的。所以，作品就是自己。

所有精工制作的物件，最珍贵、不能替代的，就只有一个字——“人”。人有情怀、有信念、有态度，所以，没有理所当然，就是要在各种变量可能之中，仍然做到最好。

世界再嘈杂，匠人的内心绝对必须是安静安定的。面对大自然赠予的素材，我得先成就它，它才有可能成就我。

我知道手艺人往往意味着固执、缓慢、少量、劳作，但是这些背后所隐含的是专注、技艺、对完美的追求。所以我们宁愿这样，也必须这样，也一直这样。

为什么我们要保留我们最珍贵的、最引以为傲的？一辈子总是还得让一些善意执念推着往前，我们因此能愿意去听从内心的安排。

专注做点东西，至少，对得起光阴岁月。

其他的，就留给时间去说吧。

这是李宗盛的一部跨界视频广告，在视频广告当中李宗盛与 New Balance 品牌一同展示了自己的“匠心故事”。

其中，李宗盛讲述了自己精心制作吉他的故事，New Balance 则向我们展示了鞋匠精心制鞋的故事，他们各自围绕自己的故事和见解向我们展示了何为他们的匠心和匠人精神。这则视频广告文案几乎都是李宗盛的独白，他向我们讲述了他的心路历程，他是众多匠人之中的一个。

匠人们明白自己身处的位置，他们日复一日、年复一年地潜心专注于自己喜欢的事情，他们在岁月的长河中波澜不惊，支撑他们走下去的也正是自己的执念、自己的信仰，这也正是他们独具魅力的匠心。

New Balance 也以这样的形式，展现了自身的品牌内涵和品牌精神，加强了与老顾客的情感黏性，也赢得了一批新的粉丝。

## 味千拉面以“匠心”之名的文案

匠心不分行业大小，每一个“作品”背后都蕴藏了一个手艺人无尽的心血。我敬重这些用良心锻造，用毕生经营的手艺人。

匠心往往能够激发我们心中的崇敬之情，与匠心有关的内容都会引起我们的注意。在文案当中体现匠心既能使大众对品牌产生好感，又能将良好的品牌形象展示给大众。但切记不要凭空塑造匠心形象，否则会令人反感。

味千拉面以“匠心”之名的文案

**食之匠心，一碗面一辈子**

一碗面的时间，
对他是一辈子

鲜美的脊骨，慢火熬煮
与醇香浓厚的猪骨汤完美结合

在一次又一次尝试中
找到新的更高境界
享受鲜到骨子里的美味

味千匠心制作
汤骨再升级

这一碗，让心里好满

吃面半小时，做面一辈子。

一碗好面，倾注了做面之人的心血。到我们手上的那一碗面，往往是经由做面人重复千百次的动作之后，在不断试错中总结经验教训而得出的成果。这则广告向我们展示了一个匠人制作汤面的历程，匠人的一生都在不断追求新境界。

不过，这则文案的末尾，会有一点儿过于强调品牌匠心的意味。文案的开篇和中间都含蓄高雅，文末就徒增了宣传叫卖的味道，感觉就不是那么具有“匠心”了。

## 某品牌以“匠心”之名的长文案

在运用匠心来表达品牌内涵和精神的文案中，文案创作者惯用的方式是致敬匠心和匠人精神。这种表达方式，相较于一味向受众阐述企业品牌的匠心，以及如何去践行匠人精神要好一些。

因为致敬匠心和匠人精神类的文案更容易引起受众的良性互动，让受众自发地去转发相关内容，没有受众喜欢看给自己强行加戏的文案，受众永远不会青睐做作的表演者。应该让受众因为内涵认识你，从而慢慢认同你甚至爱上你。

某品牌以“匠心”之名的长文案

**一个手艺人的自白**

人活着，得有自己喜欢的事情做

并且要有一直将这件事做到底的态度

我是一个手艺人

很庆幸自己很早的时候

就找到了这件想用一辈子要做的事情

我觉得创作是要走心的
灵感什么的
到处走走转转
看看老祖宗留下来的东西
其实就够我用的了
再加上日常生活中的每次心动

每次忘我
都会产生源源不断的想法
灵感有了，创意也有了
但真要做成成品
中间必定会遇到一些挫折

有时候，不知道如何深入
有时候也会从头来过
其实这种创作上的磨难
我觉得就是一种修行
正是有了不断的修改、调整
或是推倒重来
才能使作品越来越符合自己的想法

人生，就是重复、重复，再重复
生活如此，创作也如此
重复的是外在的动作
每天的早起晚睡、拿刀放刀
但不同的是
每件作品的灵魂，每天的精彩

也许大部分搞创作的人和我一样

每次对一件作品彻底的用心良苦
在外人看来，是钻牛角尖、死磕到底
而我只是想对得起自己的内心
起码，得叫自个儿满意
至于之后，无论谁喜欢它、带走它
就交给缘分吧

常态，一种生活态度
我是雕刻师颜刚
我有一种态度的生活
这就是我的常态

常态向核雕手艺人致敬

对于这则文案的广告主我不太熟知，从文案内容来推断，这家工作室/品牌的名称为“常态”。

我没有找到这则文案的名字，在详细看完它的内容之后我将之称为“一个手艺人的自白”，这则文案以一个手艺人的角度展开自述，向我们诉说了其内心对创作的见解。

创作是一个走心的过程，也是一种修行。在反反复复的创作过程中，作品也被赋予了手艺人的灵魂。同时我们也从文案当中看到了这位手艺人的生活态度。

最后，双关的手法运用也极其巧妙，“常态”既是广告主的品牌名称，同时也代表着一种生活态度。

## 8.3 实惠

用最少的钱，买最好的产品。这是在人们生活不够富裕的时代或者经济欠发达地区的消费者购买商品时的重要标准。

当然，在当下的都市人群的消费中，实惠已不再是主要标准，很大一部分人的消费不再是追求物美价廉，而是进行炫耀式消费。他们的购买或消费行为已不再是为了基本的功能需求，而是为了满足内心的虚荣感。所以，如果你属于这一群的话，你会感觉这一节的文案很陈旧过时，甚至会觉得很搞笑。

不过，我想说的是，被都市“乌烟瘴气”的炫耀式消费所掩盖的，是绝大部分以实惠为购买标准的普通大众。

### 以“实惠”之名的短文案

以“实惠”之名的短文案，其表达都很淳朴，主要针对人们追求物美价廉的消费心理。人们购买这类品牌的产品不是为了满足自身的虚荣心，只是为了解决生活所需，或者使生活能够更为舒适一点儿。

- 海鸥洗头膏：一个鸡蛋可换两袋

这是一句较早的广告语，我喜欢这种表达，你可以说它淳朴，也可以说它幽默。它很直白，很生活，不过这种生活不是都市人的生活，因为生活在都市中的人们大多都没有养过下蛋的鸡。我小时候曾用 10 个鸡蛋去换一米布，然后缝制一条裤子。不过要是当时让我用一个鸡蛋换两袋海鸥洗头膏，我可能不愿意。因为我连裤子都没得穿，不会想要用洗头膏洗头。不过我觉得它一定适合我邻居的堂姐们，她们是它的目标受众。

可能你也发现了，同这句广告语一样，这段阐释是本书中最淳朴、最直白也最生活的。

● 雕牌洗衣粉：不选贵的，只选对的

这句广告语风靡于中国 20 世纪 90 年代，直至 21 世纪初。它深入人们的生活，并且成为人们生活中的俗语。这是雕牌洗衣粉上市时的广告语，当时中国洗衣粉的大部分市场被汰渍和碧浪等跨国品牌占据，雕牌洗衣粉打出相对低价的广告，迅速打开了市场。到今天，很多中国洗衣粉品牌都消失了，而雕牌成为与国际品牌抗衡的民族品牌。到今天，雕牌的低价实惠形象已经延伸到了它的其他产品上，成为一个多元化和强大的日化品牌。

● 解放卡车：挣钱机器

拥有一辆卡车，是很多乡村男人的梦想。它意味着能相对轻松地挣到更多的钱，让全家人过上好日子。这句广告语是直接和直白的。在农村，男人是主要的劳动力，而拥有一辆卡车，会使男人成为更有力的“劳动力”，挣到更多的钱。

● 吉利：造老百姓买得起的好车

中国吉利，是一个改变了中国人购车观念的汽车品牌。吉利，能卖给你一辆低价并且安全的车。吉利，为中国老百姓提供更为舒适的出行选择。以前买车是很多老百姓不敢去想的事情，现在买得起了，而且吉利为你保证品质。

● 瑞幸咖啡：好的咖啡，其实不贵

在炫耀式消费大行其道的今天，人们总是想以一种自认为高雅的活动彰显自己的高贵，虚荣心也让越来越多的人盲从和效仿“有钱人”的生活方式。简简单单喝一杯醇正的咖啡，不用花费太多，不用为咖啡馆低调奢华的装修风格和带来的虚荣感支付更多费用。不可否认，这样的文案诉求是符合瑞幸当初咖啡消费市场变革者的身份定位的。

● 富康：方方面面、实实在在满足您

富康车经典的广告语是“走富康路，开富康车”，这迎合了中国改革开放早期首先富裕起来的群体。20 世纪 90 年代，一辆富康车是一个成功男人或者富裕家庭的象征。富康车，“方方面面、实实在在满足您”，它是一辆能带给你踏实感受的车，正如你踏实地努力和挣钱一样。

● 通用汽车：用最低价格买最好汽车

用最低价格买最好汽车，很好。你愿意吗？这是最“实在”的广告语，也是最“抽象”的广告语。说它“实在”，是因为，它的朴实和直接；说它“抽象”，是因为广告语没有带给我们任何一点儿对通用汽车的具体感受。

## 雕牌洗衣粉以“实惠”之名的视频广告文案

20 世纪 90 年代，雕牌洗衣粉上市之初，由于受到经济不景气的影响，国内民众消费能力较低，消费欲望不高。针对这一市场环境，雕牌洗衣粉打出了低价牌，并推出了感人泪下的视频广告。

**雕牌洗衣粉以“实惠”之名的视频广告文案**

最近，妈妈总是唉声叹气，我要给妈妈一个惊喜。

妈妈说，雕牌洗衣粉，只要一点点，就能洗好多好多的衣服，可省钱了，看我洗得多干净。

妈妈，我能帮您干活了。

雕牌洗衣粉，只买对的，不买贵的。

在视频广告设定的情景中，一位失去工作的妈妈，一个“早当家”的孩子，一则小学生日记式的文案。相信这则广告一定打动过无数经历过下岗境遇的家庭。雕牌了解他们，理解他们，正因如此，雕牌成了一个深入人心的品牌。

## 中兴百货以“实惠”之名的打折促销文案

服装打折是女性消费者的最爱，特别是平时舍不得买的品牌服装。一到打折季，内心的种种压抑全部释放，购物成了一次狂欢。

都市女性都买品牌服装，区别在于富有的女性随时都在买，普通的女性常在打折时候买。于是品牌服装成了全民共有，这是品牌商想要的结果。通过富有的女性来推广新款，通过普通的女性来消化不被看好的款型和库存。

不过，她们都只是在消费一个品牌标签而已，品牌标签已经烙印在她们心上，她们已成为品牌的“奴隶”。

中兴百货以“实惠”之名的打折促销文案

**美学礼仪课程**

长得如此可爱，不该看到衣服的标价就皱眉头。

气质如此高贵，不该看到别人穿 ALESSANDRO DELL’ACQUA 就心情不佳。

身材如此完美，不该站在衣橱前面发呆。

说话如此优雅，不该跟剪娃娃头的店员讨价还价。

中兴百货一年一度秋季折扣，可以很礼貌地既不理会标价也不嫉妒别人。

可以说，女性的内心几乎都被广告商们看透了，广告商几乎可以轻易洞察消费者的灵魂和欲望。

消费者的每一个眼神、每一个表情、每一个动作以及折射出的内心情感，都被广告商“记录在案”。在广告商看来，消费者在想什么、需要什么、担心什么和害怕什么，他们都“一清二楚”。当然，也只有这样，广告商才能为品牌商提出最好的广告策略，用最有效的办法打动消费者，快速提升销售。

从这一角度而言，“消费者”似乎很悲哀，因为一切都“不由自主”，与消费有关的一切都被品牌商和他们的各种服务机构“控制”了。

那么，广告中所谓的“实惠”的价格，其实并不是真实的。因为“实惠”是由广告商所撰写的，而是否实惠根本上是由品牌商所定义的。

# 第9篇 男女

## 9.1 男人

从广义上讲，这个世界只有两种人：一种是男人，一种是女人。在现实生活中，男人和女人不仅仅存在着生理和心理上的差异性，同时，琐碎生活的角角落落中，人们还对男人和女人进行了差异化的界定。男人和女人天生不同，而后天的环境则使他们变得更加不同。

相对于女人来说，男人应该是什么样的？他们应该具有什么样的性格？他们应该承担什么样的责任？对于另一半的女人，他们应该怎么做？对于这个世界他们应该怎样对待？

在广告中，男人的形象是比较趋于一致的，刚硬、严肃、努力、大度、担当，这些都是广告中男性的特征。特别在针对男性进行诉求的品牌广告中，更是体现出男人明显区别于女人的特征。

### 以“男人”之名的短文案

以“男人”之名的短文案主要针对男性产品，不仅有酒精、烟草、汽车，以及男装和男性用品，还有部分专门定位于为男性所消费的商品与服务。这些产品都会从男性的角度出发，创作有男性形象特征的广告文案，希望能与男性产生共鸣，获取他们的好感。

● 俄罗斯某品牌啤酒：感谢上帝，你是一个男人

这是一个俄罗斯啤酒品牌的广告语，在整个广告中，表现了男性和女性对待约会和爱情时两种完全不同的思考模式。广告所表现出来的，是在人与人的关系以及男性和女性的关系上，男性的思维是很简单和直接的，而女性似乎总是“想太多”，总是“很麻烦”。或许女性不这么看，但毕竟这是一个针对男性受众的啤酒品牌，只要男性喜欢就好了。

● 佳宾香烟：男人们的烟[1]

男人们的烟。什么是男人？主流男人的形象是没有一点儿阴柔气质的。当我们说一个人很“man”的时候，说明他是一个真正有情有义的硬汉。

● 万宝路香烟：男人们总是忘不了女人的爱；

万宝路香烟：欢迎来到万宝路的世界

不管是万宝路早期的女性香烟形象，还是后期的男性硬汉形象，都考虑到了男性的思想。“忘不了女人的爱”的男人不是男人眼中的男人，那是女性眼中的男人，因为男人或许更多想到的是下一个女人，而女人总希望曾经的男人记住她们。所以早期的万宝路是不适合男人的。

后期的万宝路，取用的牛仔形象，代表了粗犷、自由、阳刚和野性，这是男人眼中的男人，也是女人喜欢的男人。所以，上述的第二个万宝路香烟文案的意蕴是，对于男性来说，不管是在男人面前抽万宝路，还是在女人面前抽万宝路，都能找到他想要的男人的感觉。

● 金利来领带：金利来，男人的世界

男人的世界，是什么样的？当你系上金利来领带的时候，或许你会有“感觉”。每一个时代都对男性赋予了特定的意义，广告中的“男人的世界”是一个媒体主流形象的男性的世界。

---

[1] 我国《广告法》对烟草广告有明确限制性规定，本书仅从广告文案写作的角度将以往较为经典的相关广告文案呈现给读者。

● 柒牌男装：男人就应该对自己狠一点

“狠一点”，意味着时刻要超越自己，不断挑战自身的极限。不喊累、不怕苦、不满足、不懈怠，永远追求更高点。这是柒牌男装所倡导的男性生活态度，这也使柒牌成为一个男人追求卓越的象征。

● 劲霸男装：奋斗，成就男人

劲霸，堪称中国“最男人”的服装品牌，它的品牌标志就是一个拥有健硕肌肉的王者，塑造了一个强壮的、威猛的、不服输的男性形象。该文案的强烈意蕴之一为，奋斗是一个男人唯一的追求，男人只需要奋斗，不需其他。

● VASTO 男装：让男人更绅士

相对来说，“绅士”是女性形容优雅男性的专用词。对于女性来说，绅士是一个神秘而极富魅力的存在，他们待人谦和、举止优雅、谈吐得当，他们拥有独特的气质。换个角度来说，或许他们也就是女性比较心仪的对象吧。如果你想在女性心中显得“绅士”一些，或许可以先考虑一下 VASTO 男装。

● 折叠软键盘 @ 京东电器：男人的硅胶

这则文案标题很有意思，在人们眼中，“硅胶”这种材质在现实生活中似乎与男性的关联度极低。男人用硅胶做什么呢？原来这里是指当男士出差时需要用到的折叠软键盘。该文案标题寥寥数字，却吊足了特定受众的胃口，使商品消费者愿意去了解广告详情，有效达成广告营销的目的。称其为走心文案，想必一点都不为过。

● 灵魂战车水冷主机 @ 京东电器：这个世界上，除了玩，没有什么能安慰男人

在男女关系中，似乎男性是永远不需要被安慰的。久而久之，我们就忽略了男性其实也是有被安慰和被关怀的需求的。女人不开心时可以“买买买”，男人不开心时呢？给他买个灵魂战车水冷主机吧！

● ZIPPO：以火之名，点燃男人风格

“以火之名”似乎与本书的撰写形式有某种契合。ZIPPO 打火机是流行文化的一个象征符号，男人无论抽不抽烟，都值得拥有一个衬托自己气质的打

火机。用火的热烈，让男性的雄性特征更加彰显。

● 阿尔卡特：男人应有自己的声音

这是早期手机品牌阿尔卡特的广告语，这一广告语从另一个角度对男性赋予了个性，“男人应该有自己的声音”，不做一个“没有主见”的男人，不做一个“不坚持主见”的男人，因为那似乎都不是真正的男人。手机作为人们随身携带的通信工具，随时出现在人们的手上，所以一个手机品牌也是一个男人生活态度和价值观的体现。从该意义而言，这一广告语是很有打动力的。

● 丽珠得乐：其实，男人更需要关怀

在中国保健品的鼎盛时期，人们都在关注女性保健品，男性保健品似乎并未得到人们应有的重视，丽珠得乐推出这一广告语，让人们把目光投向了男性的健康问题。在所有产品都在诉求男人的强悍和“打不死”的形象时，丽珠得乐提醒大家，男人也有需要保护的一面，从而让男人和女人之间的关系变得更加和谐。也正是基于这一方面，这句广告语也堪称中国广告史上的一个经典。

● 尊尼获加威士忌：Keep walking（永远向前）

“在路上”的男人，不能有任何怨言和借口，只有勇往直前，克服一切困难，冲破一切障碍，成为理想中的自己。尊尼获加威士忌为所有奋斗中的男人提供精神力量，激励和陪伴你“永远向前”。

● Jeep：没有故事，不成人生

Jeep 汽车的受众是成熟男性，所以这句广告语主要是针对成熟男人的。“没有故事，不成人生”，或许也意味着一个有故事的男人才是真正的男人。男人，应该勇敢地去经历坎坷与磨难，去经历挫折与绝望，如同开着 Jeep 在野外经历各种险难一样。

● 凯迪拉克：雄性的退化是这个时代的悲哀，好在有凯迪拉克

在女性主义和女权主义日益盛行的今天，男性主义和男权主义的声音似乎让很多人感到有越来越小之势，男人的形象似乎也越来越“阴柔化”。

凯迪拉克作为一个针对男性的高档轿车，作为卓越男人的象征，适时推出了这一广告语，似乎是对当代男人的一个警醒。或许在男性逐渐忘记自己

阳刚气质的今天，我们应该重新唤起男人应有的雄风，做一个自然物种的“雄性”。还好，还有凯迪拉克，让我们知道这个世界还有真正的男人。

## NIKE WOMEN 以“男人”之名的文案

在传统的观念中，女性似乎生来就是被男性欣赏的。男性成为人类世界的掌控者，他们似乎掌控着世间的一切，包括女性应该以何种形象出现，女性应该怎么穿着、应该说什么、应该做什么，等等。

然而，一切传统都是可以打破的，女性封闭和禁锢已久的心声是需要爆发的。作为一家商业公司，耐克看到了这个市场趋势，适时推出了女性运动系列产品，并通过广告刺激女性的内心世界，让女性释放运动的天性，冲破男性以及女性本身给自己观念上的种种束缚，这是广告史上经典的文案案例。

NIKE WOMEN 以“男人”之名的文案之一

### 男人教女人走路

女人为了男人穿鞋，男人教女人走路

为了用婀娜多姿讨好他，你穿上了高跟鞋

你含蓄地用欢迎鉴赏的态度在他目光可及之处来回游走

慢慢慢慢慢慢地走

走成了习惯、走成了行为、走成了思想……

走不出他的目光围栏

因为在你穿上高跟鞋的时候，就收起了双脚

走路成了一件陌生的事

所以，走不出路来的女人

只好安分守己地等着

男人教女人走路

NIKE WOMEN 以“男人”之名的文案之二

## 男人决定女人的身体

你有没有发现

当男人对你的身体说话时，你也不经意地开始用身体回答

甚至你要求自己以最奇怪的礼貌回答——用男人喜欢的数字

所以，你开始忙着装潢你的身体

直到你可以用标准过度的曲线，优雅地招摇着

而男人也很合作地用视线封你为王

为了独享臣民的眼光，你执着于那三个数字

于是，你有了一个合成的身体

瞧！女人就是这样失去了自己的身体

因为女人让

男人决定女人的身体

NIKE WOMEN 以“男人”之名的文案之三

## 三围只是买衣服时的尺寸罢了

“标准三围”是男人窥视女人的借口

36、24、36 则是男人虚荣程度的量化

男人就是这样用女人的身材布下陷阱

然后光明正大地骚扰你

别赞助男人好色

把男人的观点从女人的曲线上驱逐干净

因为，对女人而言

三围只是买衣服时的尺寸罢了

“高跟鞋是漂亮的，三围是有标准的”。曾有人将高跟鞋视为人类史上最伟大的发明，或许有一天男性也会穿上高跟鞋，正如女性为取悦男性穿上高跟鞋一样，有一天男性也会为了取悦女性而穿上高跟鞋。

运动就是要解放身体，让身体自由展现，而不是为了遵守传统观念而让身体忍受束缚。别去讨好男性，别去迎合所谓的“潮流”，别让自己按他人的希望去穿着和生活。听你身体的，让你的身体处于最舒适和最自由的状态。

NIKE WOMEN 早期的文案曾经打动了无数美国女性，据说很多女性在阅读耐克的文案时，感动得流下眼泪。她们与耐克的文案产生了强烈的共鸣，于是，很自然地，耐克成为受到美国女性追捧的运动品牌。

这是文案的商业价值，不要低估文案的价值。

## 其他以“男人”之名的文案

### 北京蓝调沙龙以“男人”之名的地产广告文案

**男人是“练”出来的**

男人要游泳，男人要攀岩，男人要打壁球，男人要进健身房……

蓝调沙龙，会所里什么都有，想怎么练就怎么练。

这则文案描绘了一个运动的男人，运动是男性的天性，也是男性从小被形塑的观念。蓝调沙龙，为男人提供男人需要的。

### 中兴百货以“男人”之名的文案之“年货促销”篇

水仙花是男性

年糕是女性

耍猴戏是男性

年画是女性

皮件是男性

珠宝是女性

穿新衣是男性而且女性

到中兴百货办年货，尤其令人高兴

男性：水仙花、耍猴戏、皮件；女性：年糕、年画、珠宝。

从一些物件上，就可以对男性和女性进行区别。或许，不同的地域和不同的时代对男人和女人的区别有不同的定义，就如同这则文案中界定男性和女性所用的不同物件一样。

但是，永远不变的是“男人就是男人，女人就是女人”。

## 9.2 女人

女人到底要什么？女人到底在想什么？怎样才能打动女人？这是以女性消费为主流的今天，品牌商思考最多的问题。这种状况在美国电影《男人百分百》中表现得淋漓尽致，国内电影《我知女人心》中也做了再一次诠释。

女人要什么？女人想什么？男人永远不明白，当然商家也永远不明白，或许女人自己也不明白。

女人要得很多，女人很“虚荣”，什么都想要，什么都想要占有，什么都想要炫耀。女人要得很少，只想要王子般的男人，美满的婚姻，随之而来的温暖的家，以及一生的幸福。

没有人了解女人，所以对女人的了解成为男人和女人的永恒话题。在广告中，针对女人的各个层面、各个角度和各式各样的诉求层出不穷，广告就如同她们生活中的不请自来的男人一样，不停地“骚扰”她们，“引诱”她们，“劝说”她们，对她们极尽“甜言蜜语”，甚至“侵犯”她们，“恐吓”她们。

## 以“女人”之名的短文案

广告语是最能体现广告商是怎样试图来打动女性消费者的，也最能体现他们都在从哪些角度“切入”，用什么手法来诉求，以及表现了什么风格。女人很累，除了要“应付”各种男人，还要“应付”各种广告。不知道女人是疲倦不堪，还是乐此不疲。

- 雅芳：雅芳，比女人更了解女人

雅芳的这则广告文案隐藏的意思是这样的：作为女人，你不够了解你自己；我们更了解你，我们更懂你，更体贴你。你相信我们就好了，来买雅芳的产品，来做雅芳品牌的口碑“直销员”。雅芳能带给你美丽，也能带给你成功。这样的广告语不适用于男性，因为如果你说你比男人更了解男人，那会很滑稽的。

- 太太口服液：做女人真好

做女人真好，为什么好？因为有太太口服液，是“丈夫”专为你准备的营养液，象征着丈夫对你的爱。不过，我个人觉得这句广告语听起来有些虚伪，要是改成“太太，真好”，也许会更完美。

- 台新银行：认真的女人最美丽；
  台新银行：女人，我们能

关于美丽，对于女人来说，或许只有一种见解，那就是容貌和身材的美丽。相信男人们也是这么看的，不过男人们不会这么坦白。同样，广告商也不会。于是在广告和媒体上就出现了对美丽女人的定义：智慧的女人最美丽，自信的女人最美丽……而台新银行提出“认真的女人最美丽”。同时提出“女人，我们能”的口号，女人能解决所有的难题，女人不用依赖，女人可以完全独立。台新银行业务的主流女性客户大多是上层人士，她们可能不是容颜美丽的，但她们一定是认真的，也是优秀和努力的。

● 百消丹：漂漂亮亮做女人，健健康康百消丹

健康、漂亮，百消丹全部为你带来。这就像“一贴灵”，女人不用过多思考，这个世界很简单，只要你付钱就好。这是广告商理想中的女人。

● 丰韵丹：当女人挺好；

丰韵丹：没什么大不了的

女人的形象就是被这样的广告“毁掉”的。女人的尊严，女人的矜持，女人的气质与个性，在这样的广告面前全部“崩溃”。不过，对于购买和使用丰胸产品的女人来说，或许这样的广告语是最合适的，广告商很明白这些女人的内心需求，广告语很有针对性。

● 香奈儿：每个女孩都应该做到两点：有品位且光芒四射

该文案中，文案创作者只告诉女孩应该做到些什么，却不曾告诉女孩们做到这些该如何去做！而联系广告的产品则会很明显品味出创作者的文案意蕴：拥有香奈儿，会让你变得有品位且光芒四射。创作者为了打动女性可真是“大费周章”！

● 百雀羚水光弹润系列：剩女不一定是剩下的人，也可以是剩下的时间等合适的人

消极的刻板印象，对个体或群体的杀伤力是不容小觑的。我们往往不清楚自己的一句“玩笑话”或是一种不太客观的看法，会给对方的心灵带来多大伤害。

“剩女”多多少少是一个带有嘲讽意味的贬义词，无数女性被贴上了“剩”的标签。百雀羚却对“剩女”重新进行了正向定义——既然改变不了原有的刻板印象，那我们就重新下定义，让“受害者”重拾自信。我们不是所谓的“剩女”，我们只是“在利用剩下的时间等待那个合适的人”。

## 台新银行玫瑰卡以“女人”之名的视频广告文案

女人有专属的化妆品，有专属的服装品牌，有专属的饮料，有专属的保健品，而且还有专属的银行卡。现实生活中，男人能消费的女人大多也可以消费，而女人消费的，男人则可能是被排除在外的。

台新银行玫瑰卡以“女人”之名的视频广告文案

**怕，不怕**

怕挑战；怕黑暗；怕岁月；怕明天；怕尝试；怕迷途；怕失去；怕孤独；怕期待；怕失败……

面对心中的怕，做勇敢的自己。

认真的女人最美丽。

女人，我们能。

银行业务，象征着成功和财富。女人也可以和男人一样，获得成功，拥有财富。女人应该冲破所有的束缚和胆怯，努力成为理想中的自己。她们值得拥有一张属于她们的银行卡，象征她们的成功和财富。

## 泰国 Lolane Aroma 染发剂以“女人”之名的视频广告文案

年轻未婚的女孩子要什么？餐餐有美食，做一个顶级的“吃货”，然后有一位帅哥的陪伴，可以用来炫耀和撒娇……可是如果没有美丽的容貌，可能就没有帅哥，美食也会没有滋味，生活会失去所有色彩。这或许有些调侃意味，但代表了很多女孩子的心声。

泰国 Lolane Aroma 染发剂以“女人”之名的视频广告文案

一样的生活，一样的饭菜，一样的奢望，她想改变，她于是改变。

（帅哥搭讪）“在哪儿做的头发啊？真香。”

然后，世界变了，饭菜变了，想法变了，她的生活也变了。

因为，她用了 Lolane Aroma 染发剂。

现在，如果你使用 Lolane Aroma 染发剂，一切都将改变。“丑女”立刻变样，帅哥马上来搭讪，自信暴增，美食滋味无限，瞬间变女强人。

这是典型的泰式幽默广告，夸张而不失滑稽，让人忍俊不禁。要是这样看起来，其实女人的心思很简单，要满足她们很容易。作为文案工作者，我们也希望如此，因为如此一来，针对女人的广告创意也就会变得简单一些。

## 中兴百货以“女人”之名的秋装上市文案

服装是人的第二层皮肤。对于女人来说，这一层皮肤同她们的肌肤一样重要，甚至更为关注。时装因女人而生，是女人彰显自我和炫耀自我的道具。时装品牌和追求时尚的女人们“齐舞”，带来一个无比绚丽和热烈的市场。

中兴百货以“女人”之名的秋装上市文案

**时装是女人的政治**

母亲是精神的，奶娘是物质的

情人是精神的，妻子是物质的

恋爱是精神的，结婚是物质的

唇膏是精神的，嘴巴是物质的

时装是精神的，衣服是物质的

时装是女人的追求，时装是女人的政治

台湾政治渴望新鲜面孔，台湾女人渴望新鲜政治

中秋时装，新鲜面市

女人对新衣服的追求永不满足，女人的衣柜永远“缺少一件新衣服”，她需要用来展现自己的最佳姿态。女人用服装来展现身材，女人用服装来吸引异性，女人用服装来分出群体。所以，你不要试图一次性地满足女人，因为她们永不满足，而这是受众为女性的商家乐于看到的。

## 北京蓝调沙龙和西门子 MINNIE 以“女人”之名的文案

女人的想法很多，女人的事情很麻烦。女人很细致，女人追求完美。女人总有无数的烦恼，女人总有无数的不满意。不要苛求女人，如果你不是女人。

北京蓝调沙龙以“女人”之名的地产广告文案

**女人是“妆”出来的**

女人爱漂亮，女人要化妆，女人需要时间，女人不愿挤公交车……

蓝调沙龙，距城铁 400 米，免去堵车烦恼，想怎么妆就怎么妆

地产广告可以专门针对女人的化妆诉求，可见化妆对于女人来说有多么重要。如果没有一件适合的衣服，女人宁愿不去约会；如果没有掩盖好一颗小痘痘，女人宁愿不去参加聚会。那么，如果没有化妆，女人宁愿不去上班；如果没时间化妆，女人宁愿不买房子。这就是广告商的逻辑。

西门子 MINNIE 以“女人”之名的视频广告文案之一

时尚，总是紧跟女人的步伐

纯净的美像花朵般注定绽放

新鲜的美感不可阻挡

拥有的感觉只有自己知道

妩媚细致的表达

生命的活力

女人独享

唯有 MINNIE

西门子 MINNIE 以“女人”之名的视频广告文案之二

星期天上午八点零八分零八秒

A 决定不再留长发

B 忘了自己多久没有哭过

C 以为自己对美容最在行

D 放弃了买耳环的念头

女人的乐趣被一一分享

星期天上午八点零八分零八秒

MINNIE 终于出现了

女人独享 MINNIE

每个女人都是一朵花，她们有着花的妩媚与绚烂，有着花的美丽与芬芳。她们希望异性能体会。当然，如果不能够被异性所体会，那她们也会“孤芳自赏”。

西门子 MINNIE，懂得女人，欣赏女人。女人所有的秘密，都可与 MINNIE 分享，女人不会再“孤独”。

## 诚品书店以“女人”之名的文案

诚品书店，富有强烈的文艺气息，是文艺青年的向往之地。随着女性文学的盛行，文艺女青年已成为一种社会现象。如何看待女性文学，如何看待女性与书之间的关系，诚品书店做出了诠释。

诚品书店以“女人”之名的文案

**女人私房书票选**

女人上桌压轴，惊艳食欲的宝贝菜，叫作私房菜。

女人秘密压箱，未雨绸缪的宝贝钱，叫作私房钱。

女人睡前压枕，取悦自己的宝贝书，叫作私房书。

12 月 10 日—1 月 7 日，诚品秘密举行“女人私房书大公开”，
请您将回味多日、压枕的宝贝好书泄密给诚品，
我们的目标，是将一百零一位以上的
女人私房书集结公开，包括您在内！

也许随着女性文学和文艺女青年群体的兴起和发展，男性文学和文艺男青年有一天也会成为稀有之物，而被男女共赏。当下，女人因为被关注、被窥探、被欣赏而获得快感，未来，这一现象也一定会出现在男人身上。那时，男女平等的精神将经由这一轮又一轮对主体的颠覆而体现。

## 梅赛德斯 – 奔驰以“女人”之名的文案

一款高级炫酷的车是精英男士的标配，大多高端汽车品牌主要将目光聚焦到了成功男性身上。只有较少的汽车品牌将目光转移到女性身上，因为大众媒体上汽车和女性的关联，很多都与所谓的“女司机”有关，于是人们在聊起有关汽车的话题时总是有意无意给女性打上不太友好的标签。

但是奔驰不一样，我们看看奔驰是怎么声援女性车主的。

梅赛德斯 – 奔驰以“女人”之名的文案

**唤醒女性力量**

她有三千烦恼，更有万千解药。

做好大孩子，才能养好小孩子。
饿出来的好身材，总是少了些味道。
别人说的，听听就行了。
睡一觉，说不定灵感就醒了。
买包解决不了的问题，背包试试。
摔倒了，正好躺下歇歇。

握好手中的方向盘，无论去往哪里。

遇见知己，更看见自己。

无论何时何地，女性的力量都不容忽视。奔驰从优秀女性的角度出发，道出了女性从前被忽视的内心感受。奔驰在精准洞察女性心理之后，触动女性最敏感的神经，鼓励女性勇敢做自己，做更好的那个自己。

广告片和广告海报的每一个画面或场景，以及每一句文案，都精挑细选，一景一词都在拨动女性受众的心弦。相信这一则广告，一定为奔驰吸引来了大量的女性粉丝。

## NIKE WOMEN 以“女人”之名的文案

在本书多处都谈到了 NIKE WOMEN 的文案，NIKE WOMEN 的经典文案很多，对于年轻女性极具打动力。

NIKE WOMEN 的文案从女人的角度看女人，从男人的角度看女人，也从女人的角度看男人眼中的女人，从女人的角度看女人眼中的女人。不管从哪种角度，都深入了女人的内心，激发起女人深藏心底的情感秘密。

NIKE WOMEN 以“女人”之名的文案之一

**月经不是运动的障碍**

你是不是曾经用生理期当借口，不上体育课，为懒得运动找天生的理由？

月经，只是你的身体有更多可能性的证明，没有你做不到的动作，除非你不想做，请记住女生每天都有权利运动。

别忘了，在下个月的生理期，要跑得更快。

你会发现：打破纪录比打破观念容易。

NIKE WOMEN 以“女人”之名的文案之二

**竞争是女生的天性**

女生就是这样：什么都喜欢比——比成绩、比男朋友、比发型，总想凭着比别人更好来肯定自己。

其实比赛的竞争性更适合你，你可以比卡拉的速度，比勾射的狠劲，在游戏规则中泼辣紧张地比个过瘾。现在，就上场比一比吧！

在女生的游戏中：比赛比比较更有趣。

NIKE WOMEN 以“女人”之名的文案之三

**女生是 1/2 的人口，不是 1/2 的弱势团体**

你是不是总以为会输给男生，所以什么都不争不抢？事实是男生也会哭，会逃避，会害怕，和女生一样。其实全力以赴的人最有力量。

不要让你的梦想在别人的看法中死掉，放手去做，你就有赢的机会。这正是世界最公平的地方。

输赢没有性别，各占 1/2 的概率。

在我看来，这三则文案都是以“女人”之名的完美文案。在看到它们之前，我不知道文案还可以写得如此深刻。对于 NIKE 来说，它不是在诉求产品，而是表达女性也需要运动，不是为了谁而运动，而是内心的自己需要运动。

女人，打破所有的观念，忘掉所有的偏见，释放身体原始的能量，去运动吧！

NIKE 通过这样的广告，就成为女人“生命的导师”。在被广告深深打动的女人心里，NIKE 成为一个具有特殊意义的品牌。

### NIKE 以“女人”之名的三八妇女节 90s 视频广告文案

在曾经灰暗的年代，人们大多抱有性别歧视的观念，甚至女性自身也不自觉地认为自己天生低人一等。在那个时代，可能女性稍微流几滴泪，就会被认为是做戏；要是想和男性对抗，就是疯了；要是追求平等和争取成功，就是痴心妄想和精神失常；要是再做些人们自以为不合规矩的事，那在男性眼中就可能彻底是个泼妇……

NIKE 的这则文案，从女性运动员的角度，以小见大，揭示了性别歧视的社会现象，并向那些不惧世俗、勇于挑战的女性致敬。

**NIKE 以“女人”之名的三八妇女节 90s 视频广告文案**

**为梦疯狂**

如果我们流露情感
就会被说戏太多

如果我们想和男性对抗
就是疯了

如果我们梦想有平等的机会
就是痴心妄想

如果我们站出来争取什么
就是精神失常

如果我们太优秀
就一定是出了什么问题

如果我们愤怒
就是歇斯底里，不理智或者疯了

但一个女人跑马拉松，是疯了
女性打拳击，是疯了
女性扣篮，疯了吧
执教 NBA 球队，疯了

女性戴头巾比赛
转行另一项运动
完成空中斜向转体 1080 度
或者获得 23 项大满贯
生孩子然后回来继续
疯了

疯了
疯了
疯了
都疯了

他们想说：“你疯了？”
好啊，向他们展示疯狂的力量

NIKE 的文案对遭受性别歧视的女性的心理进行了深刻洞察。它将女性曾经遭受过的嘲讽和偏见真实呈现在大众的视野，它以“为梦疯狂”为切入点，利用文字便将女性被认为“疯了”的内心不平发泄出来。

文案的结尾是点睛之笔，NIKE 在予以女性充分表达对外界偏见和歧视的不满之后，鼓励女性爆发最真实的力量，让女性重新定义女性。

# 第10篇 社交

## 10.1 友情

生活中，我们不只需要亲人，还需要与我们有共同话题，能同甘共苦的朋友。古话说，君子之交淡如水，但是这种平淡如水的友谊却能长久不变。友情不同于亲情与爱情，相互之间没有过多的责任与义务，相聚与分离也没有过深的刻骨之痛。友情不是热烈的，也不是残酷的，而是一种相互的关注、帮助和共勉。

### 以“友情”之名的短文案

生活中的一些产品是和朋友有关的，比如酒和咖啡。这些产品的广告也针对朋友之间的感情进行诉求。一般来说，广告针对朋友之间的纯粹友谊进行诉求，都能获得年轻受众的好感。

相对来说，年轻人是“在路上”的一群，他们更需要朋友一起前行，对友谊看得也较重。因此，在以“朋友”之名的广告中，诉求的对象和广告中的人物形象大多是年轻人群体。

- 麦斯威尔（麦氏）咖啡：好东西要与好朋友分享

分担和分享，是朋友永恒的主题。有了好东西，当然要和好朋友分享。

要不，怎么做朋友呢？麦氏咖啡，是值得和你的朋友分享的咖啡。

● 雀巢咖啡：再忙，也要和你喝杯咖啡

雀巢咖啡也打起了友情牌，不过这种友情更像是青涩的恋情。咖啡，可以调节紧张的生活节奏，可以缓解生活和工作的压力，也可以让你与朋友或恋人获得短暂的温情时光。

● 青酒：喝杯青酒，交个朋友

“酒逢知己千杯少”，在中国，酒是人际交往的工具，原本没有话题的陌生人，“三杯下肚”之后，就成了无话不谈的“兄弟”和朋友。一杯青酒，解除隔阂，化解矛盾，成为朋友。

● 泸州老窖特曲老酒：一生情，一杯酒

“朋友一生一起走，那些日子不再有，一句话，一辈子，一生情，一杯酒。”特曲老酒选择周华健作为形象代言人，并选用他的经典歌曲《朋友》作为广告歌。《朋友》是年轻人在 KTV 聚会时点唱率非常高的歌曲，而特曲老酒的广告片中，一群朋友一起唱着：“朋友一生一起走，那些日子不再有，一句话，一辈子，一生情，一杯酒。”而后，周华健弹着吉他，唱出“朋友一生一起走，那些日子不再有，一句话，一辈子，一生情，一杯酒”。同时，特区老酒也直接取用了歌曲的最后一句“一生情，一杯酒”作为品牌的广告语。

● 丰谷特曲：让友情，更有情

在丰谷特曲的视频广告中，一群朋友在朋友低潮的时候，一起在聊天工具上喊出“加油，挺你！”而后广告歌中唱出“友情就像丰谷酒，滴滴在心头”。在朋友们相聚干杯时，旁白说出“纵使十年不见，一刻回味久远”。将友情的内涵进行了经典的诠释，而后出现的“丰谷特曲，十年”则将特曲的年份和十年友情进行了关联。最后广告语出现“让友情，更有情”，让朋友之情再次提升。

## 万科地产以“友情”之名的地产广告文案

万科地产以“友情”之名的地产广告文案

**昨日旧知己，今天新邻居**

曾经发小，
曾经同桌，
曾经共事，
而今几近相忘于江湖，
想念不如相聚，相闻不如相邻，
圈子更近一些，走动更勤一些，
友情更老一些

不得不说万科这个“操作”很“狡猾”。对于大多数都市人群来说，在繁忙的工作中，曾经亲密无间的朋友，彼此思念却难以相聚。万科“趁虚而入”，“不如大家在同一个地方买房吧，做邻居方便相聚，友情就会更长久”。

# 10.2 爱情

对于年轻人来说，还有什么能比爱情更让人怦然心动呢？爱情是年轻人的主题，尤其是对未婚男女来说，爱情是他们情感的重要部分。

商业中，与爱情有关的产品越来越多，以“爱情”之名的广告也越来越常见。将某一种产品与爱情产生关联，就意味着甜蜜和美好，能将产品的形象和价值提升到更高的层面。消费者也愿意为此支付更高的价格，尤其是对于追求伴侣和正在恋爱期间的男女来说，在因爱情而失去理智的状态下，他们在金钱上都是很慷慨的。

以“爱情”之名的广告比较集中于甜品和首饰，这两类产品都是年轻女性的最爱。在约会时请女孩子吃甜品，在相恋时为女孩子买饰品，在订婚时为女孩子购买珠宝，这都是理所当然的事情。男人，“理应”拼命赚钱和为心上人花钱。

## 以“爱情”之名的短文案

以“爱情”之名，能马上激发起年轻人体内的荷尔蒙，让年轻人产生冲动性消费。所谓“生命诚可贵，爱情价更高”，为了爱情连生命都可以抛弃，那金钱又算得了什么？只要能讨得心上人的欢心，价钱多高都无所谓啦！

- 哈根达斯：爱她，就给她哈根达斯

爱她，就要给她买最贵最好吃的冰激凌。只有满足她的味蕾和虚荣心，她才会开心地依偎在你怀里。哈根达斯“诱惑”了所有女人，而让男人们为此掏腰包。如果我来写一句广告语，那我就写“爱她，就给她买一栋别墅”。那男人们岂不都要疯了。不过，一定会有某个地产商推出这样的广告。男人们，等着吧。

- 戴比尔斯钻石：钻石恒久远，一颗永流传

只要一颗钻石，不过必须要一颗钻石。钻石可大可小，当然越大越好。女人需要你给予她坚贞的爱情，更需要你为她购买象征坚贞爱情的钻石，越大她就越喜欢，就会越开心，也就会越爱你。钻石恒久远，一颗永流传。如果一颗都没有，那就免谈了。这样的广告越多，就有越多的男人抬不起头来。

- 石头记：世上仅此一件，今生与你结缘

玉石商人都说，买玉石要讲缘分。就如同老人们所说，爱情要讲缘分，一旦缘分来了，就不要放过，一旦放过就再也没有机会了。如果你喜欢，或者如果你的女朋友喜欢，那就赶紧付钱吧。要不然，有缘的玉石将与她擦肩而过，她也将与你擦肩而过。

- 简一瓷砖：世界上的爱情，其实最初都是没有缝隙的。如果有，那一定

是你忘记了爱情最初的样子

爱情是一种散发着魔力的荷尔蒙。最理想的爱情状态，并不是所谓的给对方留有足够空间，而是亲密无间。一旦爱情有了缝隙，我们必将渐行渐远。这则文案以“爱情最初的样子”为切入点，传达简一瓷砖如同美好爱情一般“没有缝隙”的产品特性。

● 电影《前任3：再见前任》：我爱你不后悔，也尊重故事的结尾

爱情是令每个人憧憬却又感到忧愁的东西，我很珍惜和你在一起的甜蜜时光，所以我怕陪我走到最后的那个人不是你。但是无论如何，“我爱你”这件事绝不后悔，即使最后的结果不尽如人意。我尊重爱情故事的结尾，因为我从未后悔过我爱你。

● 江小白：我不是在等雨停，我只是在等你

江小白能够进入大众视野，主要缘于它极致走心的文案，江小白也因此成为走心文案的一个品牌样本。这是它在情人节的应景文案，让我们幻想着自己所在的城市正下着一场瓢泼大雨，我们或许正在车站，又或许正在咖啡厅的门口，你可能以为我在等雨停，其实我在等的……只是那个正向我走来的你。

一则简短的文案，竟能让我们在脑海里自行脑补出这样的浪漫场景，也许这就是文案的魅力吧。

● 益达口香糖：关爱牙齿，更关心你

口香糖是年轻人消除陌生感的道具。小小的一颗口香糖，可以激起大大的感情涟漪。口香糖对牙齿有益吗？有科学依据吗？这一点儿都不重要，重要的是年轻人喜欢这种食品。在爱情面前，牙齿？一边去吧。重要的是“关心你”，而不是“关爱牙齿”。

● 铁达时表：不在乎天长地久，只在乎曾经拥有；

铁达时表：Time is Love

第一句广告语出自20世纪90年代，曾由周润发、梅艳芳、刘德华、王杰和吴倩莲等香港明星倾情出演了一系列的广告片，这句广告语也从此广泛流传于年轻男女中，成为年轻男女大胆和自由地追求爱情的口头禅。爱就大胆

爱吧，什么都不在乎，只在乎你。同样，买一块铁达时手表送给他/她吧，为什么要在乎那么多呢？2010年，铁达时推出新的口号“Time is Love”，同样以“爱情”之名来诉求，将时间与爱情的哲学关系进行了演绎。

### 中国台湾信义房屋中介以“爱情”之名的视频广告文案

一个房屋中介公司的广告，能做得异常温情和感人的，中国台湾信义房屋中介是第一例，也是至今最好的案例。信义房屋中介投放过很多以“爱情”之名的广告，爱情与房屋中介，这两种事物看似没有关联。然而一旦深究，我们会发现，人一生第一次买房大多是作为婚房，房屋中介要占领市场，首先要争取处于恋爱期间的男女的好感。这么说来，信义房屋的广告策略是比较聪明的。

**中国台湾信义房屋中介以“爱情”之名的视频广告文案**

如果他愿意带你来这里，表示他想多认识你。（场景：咖啡店）

如果他约你来这里，表示他想更靠近你。（场景：电影院）

如果他带你来这里，表示他想吻你。（场景：公园）

如果有一天他带你来这里，那恭喜你，他想把一辈子的幸福都给你。（场景：信义房屋中介）

信义房屋，信任带来新幸福。

“信任带来新幸福”。如果你信任他，请将你的手交给他；如果你信任他，请将你的心托付给他；如果你信任我们，请将你们买房的任务托付给我们。信义房屋中介，象征着基于信任的婚姻，也象征着基于信任的房屋交易。

### 泰国人寿保险以“爱情”之名的视频广告文案

什么是忠贞不渝的爱情？你见过的忠贞不渝的爱情是什么模样？在生活中，我们常常会为相互搀扶一起过马路的老人而感动，他们的爱情世界是年纪尚轻的我们无法体会的。如果你无法想象一份忠贞不渝的爱情，那泰国人寿保险的广告能让我们为之震撼。

**泰国人寿保险以“爱情”之名的视频广告文案**

**忠贞不渝的爱情**

你能想象出是什么原因，令 86 岁老人每天早起，煮好一壶美味的汤，背着他的二胡，去到 10 公里外的山上演奏，30 年来从不间断?

丘爷爷，曾经给过他妻子一个承诺，每天早上为她煮汤，每天为她演奏他喜欢的歌曲，直到永远。

这是丘爷爷的故事，你呢?

问问你自己，你对你今天爱的人关心有多少?

一位 86 岁的老人还在每天为他已去世 30 年的“老伴”熬汤拉琴，而你现在为你的爱人做着什么？泰国人寿，借此来传达它将以忠贞和平静的心态面对生命中的每个人，会陪伴它的每一个客户，值得客户信赖。

## 中兴百货以“爱情”之名的文案

爱情，最热烈和难忘的爱情来自情人之间。这个世界没有“夫妻节”，却有了情人节。情人间的经典故事不断演绎并出现在各种文化产品中，每一个故事都缠绵悱恻，让人心动和心伤。广告商们也试图借用这种感情来诉求，希望人们将这种美好的感情与自身的产品或品牌联系在一起。

**中兴百货以“爱情”之名的文案之一**

罗马假期、广岛之恋、布拉格的春天、巴黎绿光、东京爱的物语、上海之夜、魂断蓝桥、俄罗斯大厦、哈佛大学 LOVE STORY、日内瓦之恋、情定威尼斯……

2 月 14 日，不分国界的爱的故事，中兴百货，与所有情人共度。

中兴百货以“爱情”之名的文案之二

与 DONNA KARAN 的办公室恋情

与 CLAUDE MONTANA 的外遇

与 JUNIOR GAUTIER 的情窦初开

与 GIANNI VERSACE 的私奔

与 GENNY 的烛光晚餐

与 BYBIOS 的火车上的邂逅……

一年一度与世界级设计的热恋，中兴百货周年庆计时开始。

你可以不顾一切，完全疯狂、歇斯底里、尽情地、绝对痛快地……大采购!

随时随地，和任何你倾慕的人热恋吧，去经历和电影中同样难忘的恋爱之旅。中兴百货，理解和支持所有的有情人和有情的行为，放开去恋爱，放开去采购。每一份恋情都很动人，每一个品牌都很动人。女人们，大胆放肆地去追求和绽放吧。

## 韩国 2% 饮料以“爱情”之名的视频广告文案

身体需要补水，爱情也需要“补水”。韩国 2% 饮料，把爱情观嫁接到广告当中。在一瓶水中，注入了爱情的元素。这一瓶水，瞬间和其他所有的水有了区别。

韩国 2% 饮料以“爱情”之名的视频广告文案

（女声）对爱情最大的误解，是认为它是万能的。“现实的爱”是摇摆不定的，即使只是“有没有工作”那样小小的区别。

（男声）对爱情最大的误解，是认为“我们必须面对现实”，因为当时间流逝，一切“现实问题”都将只成为微不足道的回忆。

（画面：女生因为男生没有工作而分手的系列场景）

（旁白）

爱情总是干渴的，当缺少 2% 时。

相信“我永远爱你”的人是很傻的，因为从恋人相互碰到，直到心碎分离都不会超过 2 年。

我们总是准备着新的爱情和分离。

（女声）仁成的爱情是“理想”的。

（男声）智贤的爱情是“现实”的。

你的爱情在哪一边？

不管你的爱情是“理想的”还是“现实的”，你的爱情都需要“补水”，补 2% 的水。一瓶有爱情元素的水，会是什么味道呢？水永远都是 $H_2O$，但是喝水的感觉随着内心的感觉而变化，水也就有了不一样的“滋味”。

## 肯德基以“爱情”之名的国外广告歌

我们经常看到的肯德基广告似乎都是肯德基大大的牛排和鸡块的广告，所以人们总是把焦点集中在它的牛肉和鸡肉是否健康上。在这方面，麦当劳要好得多，因为通过广告传播，麦当劳树立了温情和快乐的品牌形象。

不过，最近肯德基一转风格，推出了一则以“爱情”之名的广告，描绘了一位老太太看到楼下的年轻人分享肯德基的食品时，不禁深吸飘来的香味，在她转回房间后，老伴拉着她的手跳起了舞蹈，然后时光开始倒流，他们从老年到中年，从中年到青年，从青年到少年，从少年到小孩，重返童年的他们在床上快乐地蹦蹦跳跳，他们累了，躺在床上看着对方，小女孩说着，“I'm hungry”，然后出现肯德基的标志和“so good”的广告语。

整则广告以一首温情浪漫的歌曲贯穿，这首广告歌名为 *Your Song*。

### 肯德基以“爱情”之名的国外广告歌

***Your Song*（部分歌词）**

It's a little bit funny

有一点点奇怪

This feeling inside

这最深处的感受

I’m not one of those who can easily hide

我无法轻易隐藏我的情绪

I don’t have much money

我没有很多钱

But boy if I did

但是亲爱的，如果我可以

I’d buy a big house where

我要买一间大房子

We both could live

能住下我们两个

So excuse me forgetting

原谅我的遗忘

But these things I do

我所做的事

See I’ve forgotten if

就像我忘记了

They're green or they're blue

它的色彩

Anyway the thing is...

不管怎样

What I really mean...

我想说

Yours are the sweetest eyes

你的眼睛

I've ever seen

是这样的迷人

And you can tell everybody

你可以告诉所有人

This is your song

这是只属于你的歌

It maybe quite simple but

也许简单

Now that it's done

但是我已写完

I hope you don't mind

愿你喜欢

That I put down in words

我把它写下来了

How wonderful life is

多么精彩的生活啊

Now you're in the world

当有了你

If I was a sculptor

如果我是雕刻家

But then again no

可惜不是

Or a girl who makes potions in a traveling show

或是演出的女魔术师

I know it's not much but

我知道这样不够

It's the best I can do

但是我尽我最大的努力

My gift is my song and

我的礼物就是我的歌

This one's for you

只属于你的歌

这是一首让人温暖感动的情歌，配合画面，将爱情带来的幸福感无限地弥漫。毫无疑问，这则广告对肯德基的品牌形象做了一次特别的提升。

这就是广告中的“爱”，如果一个人爱吃肯德基，就陪他 / 她从小吃到老吧。健康又算什么呢？他 / 她喜欢就好了。广告商是这么希望的。

不管广告商以何种情感之名来打动你，他们只有一个目的，就是让你忘记所有，一心想要通过拥有广告中的商品来释放你被激发的情感。他们通过不断的广告播放来刺激和强化你的情绪，直到你付钱，并一直付钱。

## 10.3 离别

“多情自古伤离别。更那堪、冷落清秋节”道出了人们离别时的深深忧伤。没有人希望离别，不管是短暂的分别，长期的告别，还是永远的离别。

在广告中，广告策化者为了达到想要的目的，刻意设计别离的场景或故事，让人们深深陷入别离带来的伤感中，借此为品牌蒙上一层特别的色彩，让人们想到该品牌时会联想起离别的感受，从而激发人们的某种消费行为。

广告中的一切都是编造的，那人们为什么还要投入真情呢？这来源于人们对自身的联想，或许我们会面临那样的离别，或许我们曾经面对那样的离别，从而引发内心的情绪反应。

### 以“离别”之名的短文案

人天生对离别会感到无尽的忧伤，在文案写作中，离别的意义在于让正在阅读的你“触景生情”。直接以“离别”之名的文案较少，因为广告主大多不希望自身的品牌被一种相对负面的情绪萦绕。

- 诗人北岛：你没有如期归来，而这正是离别的意义

离别的意义是什么？可能真正让人接受不了的，是你永远地离开了我，或者我毅然决绝地和你先说了再见，然后再也不见。啊，多么让人悲伤的事。

- 《亲爱的客栈》：我能想到最好的道别就是明天见

离别总是伤感的，如果可以，我们都不想离别。但曲终人必散，能给我们一丝慰藉的，是不久之后我们还会再见，此时最好的道别也就变成了“明天见”。明天就又能再见到自己想见的人，多么美好。

### 左岸咖啡馆饮品以“离别”之名的文案

普通的道别，只会产生淡淡的忧伤，这种忧伤是生活情调的调味品，让

我们期待下一次的相见，也珍惜还剩下的相聚时光。

**左岸咖啡馆饮品以“离别”之名的文案**

明天见

Demain（法语“明天见”，下同）

离开咖啡馆的时候

大家都会说明天见

Demain

这个地方是没有人说再见的

而是说明天见

因为天天都会来

明天，大家又会见到面

可是，明天我就要回国了

我在左岸咖啡馆

Demain

每天都说“明天见”，这平淡无味，可是明天就不会再见到了，这会一下子产生失落感，让咖啡也弥漫了离别的味道。不过，这可能就是多愁善感的文艺小女生想要的感觉，这会丰富她们的情感体验，而她们，正好是左岸咖啡馆饮品的目标受众。

## 泰国人寿保险以“离别”之名的视频广告文案

生命无常，在一生中，我们可能都会面临与亲人的永远离别。我们应该如何处理相互的关系，我们应当如何看待相处的时光。或许只有我们考虑到终有离别的那一天时，我们才会重新审视当下的问题。

泰国人寿保险的广告提醒人们，不要等到离别之际才深深后悔，要珍惜现在，用真情融化亲人之间的各种问题，让每一天都幸福快乐。

**泰国人寿保险以“离别”之名的视频广告文案之“时间”篇**

我想要多一点时间，来告诉我的儿子，我爱他胜过这个世界。我想有更多的时间来了解他，应该听听他的想法，多跟他说说话，听听他唱歌，告诉他，对不起。

就像我说的，我想要多点时间，完成遗憾的事，多关心他，更爱他。

泰国人寿。

这则广告一直被称为广告史上最感人的广告，它的画面配合这样的话语，让人无法回避父子之间的情感问题：是应该坚持自己的观念？还是放下坚持，尝试从对方的角度来理解对方？如何把握好这种关系的微妙和平衡？

广告中，父与子之间的爱，在车祸的一瞬间化为泡影。连爱的表达都没有了机会，这真是人间最大的伤痛与遗憾。

那么，作为广告受众，我们更应该珍惜剩下的时光，多关心亲人，多爱亲人，或许，也应该为他们买一份人寿保险。

下面一则广告同样来自泰国人寿保险，它从另一个角度诠释了亲人离别之际的另一种感情。

**泰国人寿保险以“离别”之名的视频广告文案之“接生”篇**

她拜托我一定要在那时间之前替她接生，我问她原因，她只说，“时间不多了”。产后两个小时，她跟宝宝就离开病房，而他，随时将会因脑癌去世，其实他是在硬撑着跟癌症搏斗。

有时，我们不禁自问，我们为何生于今世，而今世我们又该做些什么……

孩子终于及时躺在爸爸的怀里……

也许，我们真正该问的是，我们为什么会在这里？

（孩子父亲的录影）“孩子，爸爸拜托你好好照顾妈妈喔！一定要好爱好爱她。还要记得，我也爱你，爸爸真的好爱你，好好照顾妈妈……”

我们为什么活着？我们为什么在这里？

这样的问题让我们深刻追问自己活着的价值。我们真正的价值是什么？是获得无穷无尽的财富吗？是成就惊天动地的伟业吗？这些在我们临死之际都完全不重要了。

照顾下一代，让下一代健康成长，或许是我们能留给这个世界的唯一财富，也是我们的唯一价值。活着、健康，就是生命的意义。

泰国人寿，真正从人出发，关心人，照顾人，这是泰国人寿广告深入人心的最根本原因。

# 第11篇 家庭

## 11.1 母亲

在广告中，以“母亲”之名的文案是比较常见的。在现实生活中，我们每个人与母亲的关系都是最为特殊的，与母亲的情感也是最为深厚的。广告商看到了这一点，试图通过人们与母亲之间的情感来打动受众，使受众将广告中的商品与和母亲的情感联系在一起。

在本书的写作过程中，我原本起首就想写“以‘母亲’之名”的，可是在种种的思想斗争下，我最终还是放弃了，因为我担心自己写不好，不能令自己满意。而后，在写每一篇之前，我都打算先写“以‘母亲’之名”，但是都未能实施。在经过若干次的纠结之后，我决定将其放在本篇来写。

在我看来，母亲是无上伟大的。我可以大胆地谈论任何人和事物，包括上帝。但是我不能轻易地谈论母亲，因为我想我一生都无法完全明白母亲。同时，我也不是一名女性，我可以是一名父亲，可永远不能成为一名母亲。

文案以“母亲”之名，将我们对母亲的感情利用在商业中，我不想给予负面的评价，因为我们毕竟生活在商业社会。幸运的是，大多文案都表达了对母亲深深的爱和尊敬，都激发了我们对母亲的思念和感激之情，让我们更关注与母亲之间的关系。从这个角度来说，这些广告也是有公益作用的。

## 以“母亲”之名的短文案

以“母亲”之名的广告语，大多是激发我们对母亲的感恩之心。让我们在有能力回报母亲的时候，尽可能给予母亲回报。

● 威力洗衣机：献给母亲的爱

威力洗衣机的这句广告语和当时的视频广告是让人记忆深刻的。当中国市场出现洗衣机的时候，作为经济独立了的儿女，或许买一台洗衣机献给为儿女和整个家庭洗了一辈子衣物的母亲，才最能表达内心对母亲的感激之情。

● 中华豆腐：慈母心，豆腐心

豆腐历史悠久，承载了中国传统文化，中国人对豆腐有着深厚的情感。用慈母心来比喻豆腐的温和细致，这也是适合的。能带来慈母心一般感受的中华豆腐，也一定是安全健康和营养美味的食物。

● 白云山乌鸡白凤丸：忘不掉的母爱

乌鸡白凤丸诉求的是对女性调经补血以及更年期综合征的调节，这是适合于年轻的女儿和更年期年龄段的母亲之间的产品，一盒乌鸡白凤丸，或许能承载母女的深情。

● 伊桑化妆品：让母亲重温年轻的梦

母亲不只是为儿女操劳的母亲，也是天生爱美的女性，当母亲为儿女失去太多的时候，儿女也应该为母亲变得年轻漂亮而做点儿什么。

● 爱帝宫：母亲节，你应该陪在妈妈身边

母亲节，你应该陪在妈妈身边。母亲节，再没有比陪伴更简单和纯粹的了。

● 中兴百货：妈妈和我的关系就像师生，小时候她教我走路，长大后换我教她忠孝东路怎么走

这是中兴百货的母亲节主题文案，文案里没有任何商业诉求，仅仅在感恩氛围浓厚的母亲节对母亲和孩子的关系进行重新定义，利用生活中的细节来拨动我们的心弦。小时候妈妈教我们走路，现在我们长大了，换作我们教她认路。我们这一辈子都在互相转换“教”与“被教”的身份，母亲逐渐年迈，也希望子女们都多一点儿耐心。在母亲节来临之际，中兴百货也为母亲们献上了最为

温暖的问候。

## 威力洗衣机以“母亲”之名的视频广告文案

这是一则中国早期的视频广告，广告中由女声像诗歌朗诵一样煽情地念出了文案。广告画面虽显粗糙简单，却极其感人。

**威力洗衣机以“母亲”之名的视频广告文案**

“妈妈，我又梦见了村边的小溪。”

“梦见了奶奶，梦见了你。”

“妈妈，我给你捎去一样好东西。”

威力洗衣机，献给母亲的爱！

我承认，每次看到这则广告的时候，都有鼻子酸酸的感觉。“妈妈”“村边”“小溪”“奶奶”，每个词都蕴含着无数儿时的回忆。离家的孩子想要寄托对家和母亲的深情，一台威力洗衣机可以为你实现。

## 大众银行以“母亲”之名的视频广告文案

和上一则广告同样煽情的，是我国台湾大众银行“不平凡的平凡大众”系列广告中的“‘母亲的勇气’篇”。但与上一则不同的是，这一则广告的演员演技、拍摄技巧和剪辑处理都非常到位，整则广告就是要赚取人们眼泪的。

**大众银行“不平凡的平凡大众”系列视频广告文案之“母亲的勇气”篇**

“一个老妇人因为携带违禁品，在委内瑞拉机场被拘捕了。”

“她是一个中国台湾人，没有人认识她。（当安检发现可疑违禁品的时候）她告诉他们，这是一包中药材，她是来这里炖鸡汤给女儿补身体的，她女儿刚生产完，她们有好几年没见了。”

“（她叫）蔡莺妹，63岁，第一次出国，不会英文，没有人陪伴，一个人独自飞行3天，历经4个国家，32000公里。”

“她是怎么做到的？”

坚忍，勇敢，爱。

不平凡的平凡大众。

台湾大众银行。

每一个平凡的母亲，在面对自己孩子的时候，都是不平凡的。在孩子面前，母亲的身上具有无限强大的能量，她愿意付出自己的一切为孩子撑起一片天。母亲，是最值得歌颂的人，这则广告中的母亲也是这样的。

## 支付宝《我的抠门儿妈妈》广告片旁白

在我们的印象中，妈妈始终扮演着一个勤俭持家的角色，她们好像是世界上最抠门儿的人。

出门买东西的时候，她们总会为那几毛钱的零头和老板叨叨半个钟头；在超市结账的时候，她们总是拿出小票仔细核对每一件物品，生怕自己“吃亏”；晚上快睡觉的时候，她们总要算清楚当天的每一笔账，并在我们的耳边念叨物价有多高……等我们开始有了自己的收入之后，她们仍旧还是那个絮絮叨叨的母亲，在她们的眼里，我们每一笔没经过精打细算的支出都是在铺张浪费。

母亲的精打细算到底是为了什么？我们的生活似乎也并未因为她们的精打细算而得到什么特别改观。不过，这则文案可能会让我们的看法发生一些改变。

支付宝《我的抠门儿妈妈》广告片旁白

**所有的精打细算，都是在为爱打算**

我的妈妈，特别抠门儿

再旧的东西，都舍不得扔

再小的钱都要省

再不熟的人，也要帮着别人省钱

每笔账都要算得清清楚楚

她根本不会算

只会说

太贵了，什么都太贵了

原来，她都是在为我打算

这是从支付宝的一部广告片当中选取出来的旁白，整部广告片以孩子的口吻向观众介绍自己精打细算的妈妈，随之还原生活中的场景来体现妈妈的“抠门儿”。

不过在广告片片尾的时候剧情出现了大反转，平日里抠门儿的妈妈竟主动让孩子报名参加报名费接近一万元的夏令营。此时，孩子才明白母亲平日里的良苦用心，母亲所有的精打细算都是为了孩子，一切皆源自对孩子深深的爱。

## 中兴百货以“母亲”之名的文案

母亲节是百货公司特别看重的一个节日，他们会专门针对母亲节设计相应的促销或公关活动，在提醒人们特别感谢母亲的同时，也借此展开相关的促销活动。中兴百货也曾撰写过诸多优秀的文案，将孩子与母亲的情感关系进行深刻体现，让消费者产生情感上的共鸣。

### 中兴百货以“母亲”之名的文案之一

焚过很多漫画书……专门限制行动……小时候很想走出她的阴影。

母亲，如今只微弱成电话里断续的叮咛，多想把她的身影永远留住，把对她的爱，在中兴百货感恩的礼物里，具体体现。

**中兴百货以“母亲”之名的文案之二**

妈妈和我的关系就像师生。小时候她教我走路，长大后换我教她忠孝东路怎么走。（上班族，25 岁）

妈妈和我的关系就像姐妹，我老是要忙着帮她适应我的新男朋友。（高中生，16 岁）

我都已经有两个孩子了，妈妈还是母性难移。（年轻母亲，33 岁）

妈妈和我的关系就像劳资双方，我给她的报酬永远赶不上对她心力的剥削。（小叶，30 岁）

妈妈和我的关系就像医生和病人，她老是觉得我营养不良，虽然我已经 70 公斤了。（隐名男子，42 岁）

母爱，总是被家庭生活的琐碎而掩盖了它的无私和伟大。只有当母亲不在身边时，我们才知道要对母亲感恩。母爱是最能够激发人们情绪反应的，文案创作者以母亲之名进行诉求，这种情绪反应也会转移到广告主的品牌身上。

## 泰国人寿保险以“母亲”之名的视频广告文案

泰国人寿保险广告以煽情著称，不过在它下面的这则视频广告中，并没有通过镜头或文案刻意煽情，而是朴实地表现了一位有些“疯疯癫癫”和“痴痴傻傻”的专门收养遗弃儿童的“妈妈”的故事。

**泰国人寿保险以“母亲”之名的视频广告文案之“Doy 妈妈”篇**

“你曾问过自己，有价值的人生是什么吗？”

这个女人叫 Doy，穷困潦倒，被丈夫抛弃；这是 Kitty，父母离异；这是 Max，小儿麻痹症患者；这是 To，偷盗成性。每个孩子都有同一个妈妈，Doy 妈妈，收养这帮孩子的人……

Doy 妈妈，身患绝症，剩下还不到两年的时间，但她却说她很幸运，两年，能做多少事情。

她对孩子们说，有价值的人生，不是拥有金钱、声誉或长寿的人生。

真正有价值的人生，是使我们成为有价值的人，并使别人的人生具有价值。

泰国人寿，见证每个生命的价值。

这则广告真正道出了母亲的伟大之处。从一定意义上来讲，母亲的价值观塑造了世界的价值观。因为所有孩子价值观体系的形成，在很大程度上直接启蒙于各自的母亲。如果说一个又一个的孩子构建了未来的人类世界，那么母亲承担的则是教育全人类的责任。一位母亲应该带给孩子什么样的价值观？这则广告给了一个很好的样板。

泰国广告之所以有着强烈的打动力，是因为其总能在卑微的人身上展现出温暖和强大的能量。在风格呈现上，不管是戏谑还是温情，泰国广告总能体现人性的光芒。

## 中国移动通信以“母亲”之名的视频广告文案

本书为什么会专门提及中国通信企业呢？这得益于中国移动的一则“小成本”广告，其几乎靠一个固定镜头和两名饰演母女的普通演员的只言片语就完成了。但这并不能妨碍它成为一个经典的广告。

**中国移动通信以“母亲”之名的视频广告文案**

（女儿）“我是希望自由，希望妈妈不要管我。但是一旦离开妈妈的话，离开两天到三天，你就会觉得不习惯。”

（母亲）“在一起嫌唠叨，离开以后挺想念的。”

（女儿）“就希望有人会打电话骂你说你，然后就会想回家。她从来都不带电话。”

（母亲）“没手机就不行啊？”

（女儿）“不是离不开手机……是我离不开你……”

手机接通的，不只是牵挂。

移动改变生活。

在中国大规模的城镇化浪潮中，大多家庭的成员都各自天涯，距离使人们之间的情感联络不断减少，也因此而使家庭成员之间的关系逐渐疏远，最终导致整个社会层面表现出对亲情的日渐淡漠。作为通信企业，这是一个很好的广告诉求点，通过亲情的表现，激发人们的情感共鸣。这则视频广告极其简单，对话的文案设计也极其简短朴实，却毫不影响它的打动力。

## 11.2 父亲

“父亲”两字承载了太多的内容，它蕴含的意义每个人都有不同的看法，人们对“父亲”的理解各有不同。父与子以及父与女之间的关系和感情我在工作中似乎总是无法去准确描绘。那么本节就让我们来看看一些经典文案的创作者们是怎么描绘这种关系和感情的吧。

这些文案都很煽情，煽情到我们觉得与父亲的这种感情是多么美好，我们希望拥有一位伟大而温情的父亲，而广告和文案正好满足了我们这样的心理需求。

现实生活中，似乎每个人的父亲都有不足，但是文案中所描绘的父亲却是那么完美。我们宁愿相信文案中的描绘是真的，因为作为儿女，我们无法去批判一个父亲，我们宁愿相信父亲都是完美无瑕的，尽管我们内心有时存留着各种各样的不解、怨恨和委屈，但是我们都能忍受。因为，我们清楚从我们出生到长大成人的过程中，父亲同母亲一样为我们付出了很多很多。

## 以“父亲”之名的短文案

父亲和母亲始终是最牵动我们心弦的那两个人，广告主及文案创作者们很喜欢在父亲节和母亲节来临之际为他们送上祝福，以期求得我们的关注。在父亲节，广告主及文案创作者们通常喜欢打亲情牌，直接以“父亲”之名进行情感诉求。

- 多芬（父亲节文案）：每一声 Daddy，背后都是责任

我们都习惯了关注母亲为家庭的付出，而忽略了父亲为家庭的付出。作为一名父亲，孩子呼唤他的每一声，都意味着他要对孩子承担的责任。所谓父爱如山，其厚重感不言而喻。

- 泰国人寿：或许你没有一位完美的父亲，却有一位 100% 爱你的父亲

父爱和母爱的表达方式是明显不同的。没有一个父亲不爱自己的孩子，或许其身上有很多的缺点和不足，但是在爱你这件事情上，他从来都不会吝啬。对于付出一切来爱你的父亲，或许我们也应该主动关心他，为他的健康给予一份关心，这正是人寿保险想要间接诉求的。

- 中兴百货（父亲节文案）：即使跟父亲再少交谈，他的一举一动仍是我们心头对男子汉的永恒形象

一位优秀父亲的表现，不断丰富着孩子内心深处对“男子汉”的基本定义。他很勇敢，在困难和危险面前，总是冲在全家人的前面，他是孩子眼中真正的超级英雄；他总是沉默寡言，但却从来不会向任何人示弱，尤其是在保护家人的时候……或许我们对父亲的形象总是不能做出最恰当的阐释，而中兴百货的这则文案却做到了。

## 中华汽车与三菱汽车以“父亲”之名的文案

儿时对父亲的记忆是什么？是一次次趴在父亲背上的感觉，还是一次次骑在父亲肩上的感觉，或者是当我们生病时，背着我们奔往医院的感觉？

下面让我们来看看中华汽车的文案是怎么写的。

### 中华汽车以“父亲”之名的视频广告文案之一

如果你问我，这世界上最重要的一部车是什么？那绝不是你在路上能看到的。

30 年前，我 5 岁，那一夜，我发高烧，村里没有医院。爸爸背着我，走过山，越过水，从村里到医院。爸爸的汗水，湿遍了整个肩膀。我觉得，这世界上最重要的一部车是——爸爸的肩膀。

今天，我买了一部车，我第一个想说的是：“阿爸，我载你来走走，好吗？”

（广告口号）中华汽车，永远向爸爸的肩膀看齐。

在文案创作时，能将“父亲的背”和一部车进行关联，这一定是对父亲有深厚感情的文案创作者才能写出来的。这是一则感人至深的视频广告，文案在其中起到了关键性的作用。小时候，父亲的背就是孩子最安全和最稳当的“车”；长大了，儿女就是父亲最安全和最稳当的“车”，中华汽车成为儿女和父亲之间传达深情的载体。

“父亲的背”承载了我们太多的回忆，如果说中华汽车的这则广告表达了父与子之间的感情的话，那么下面这则三菱汽车的文案就表达了父亲和女儿之间的感情。

### 三菱汽车以“父亲”之名的视频广告文案

爸爸的背是我回家纪念里最深刻的记忆。

每次回家的路上一定会经过的那个冷饮部，我记得那里冰棒的味道，像父亲背的味道。

他总是坚持要接我回家。

后来我在台北念书，放假回家，他也一定要来接我。

我第一次开车回家，快到家前，我看到爸爸还是坚持来接我。

我想，他是怕我忘了回家的路吧。

三菱汽车，全省 164 个家，欢迎您随时回家。

“女儿是父亲前世的情人”，所以在今世父亲就成了女儿的守护神，从小守护直到成人。作为一名女子，最爱她的人或许不是她的丈夫，而是她的父亲。父亲对女儿的爱无欲无求，却深沉似海。

中华汽车还有一则视频广告文案，也是以“父亲”之名而写成的，它同样优秀。

**中华汽车以“父亲”之名的视频广告文案之二**

印象中，爸爸的车子很多，大概七八十部吧。我爸爸没什么钱，他常说：“买不起真车，只好买假的。我这辈子只能玩这种车啰！”

经过多年努力，我告诉爸爸，从今天起，我们玩真的。爸爸看到车后，还是一样东摸摸、西摸摸，他居然对我说：“我这辈子只能玩假的，你却买真的！”

爸，你养我这么多年不是假的，我一直想给你最真的。

中华汽车，真情上路。

## 芝华士威士忌以“父亲”之名的文案

下面一则文案是我常常提起的，这种文案的风格也常常被文案新手模仿，但是至今我还没看到能超越这则文案的作品。我认为它已经将一位完美的父亲与其孩子之间的关系描绘到了极致。

**芝华士威士忌以“父亲”之名的平面广告文案**

因为我已经认识了你一生

因为一辆红色的 RUDGE 自行车曾经使我成为街上最幸福的男孩

因为你允许我在草坪上玩蟋蟀

因为你的支票本在我的支持下总是很忙碌

因为我们的房子里总是充满书和笑声

因为你付出无数个星期六的早晨来看一个小男孩玩橄榄球
因为你坐在桌前工作而我躺在床上睡觉的无数个夜晚
因为你从不谈论鸟类和蜜蜂来使我难堪
因为我知道你的皮夹中有一张褪了色的关于我获得奖学金的剪报
因为你总是让我把鞋跟擦得和鞋尖一样亮
因为你已经 38 次记住了我的生日，甚至比 38 次更多
因为我们见面时你依然拥抱我
因为你依然为妈妈买花
因为你有比实际年龄更多的白发，而我知道是谁帮助它们生长出来
因为你是一位了不起的爷爷
因为你让我的妻子感到她是这个家庭的一员
因为我上一次请你吃饭时你还是想去麦当劳
因为在我需要时，你总会在我的身边
因为你允许我犯自己的错误，而从没有一次说“让我告诉你怎么做”
因为你依然假装只在阅读时才需要眼镜
因为我没有像我应该的那样经常说谢谢你
因为今天是父亲节
因为假如你不值得送 CHIVAS REGAL 这样的礼物
还有谁值得

要想成为一名优秀的文案创作者，你必须富有细腻而敏锐的感觉，能够将表达情感的每一处细节把握和描绘到位。如果你不善于观察细节，不善于用文字表达感情，那你所写出的文案将是生硬和乏味的。

如果我说“文案创作者是这个世上最感性的人”，身为文案人员的你一定会认为这话说得一点儿都不为过。

## 中兴百货以“父亲”之名的文案

因为父亲对儿女的巨大付出和疼爱，所以我们需要有一个节日来表达对父亲的感激，于是有了父亲节。世界上的每个地方，父亲节的具体时间或许会有差异，但所有地方的节日设置目的都是一致的，即都是为了表达儿女们对父亲的感恩之情。

在我国台湾地区，曾经有这样一家百货公司，在每年的父亲节都会推出相应的广告宣传活动，并撰写一系列经典的文案。从这些文案中，我们能从不同的角度感受到父亲带给儿女和家庭的种种。

中兴百货父亲节以“父亲”之名的文案之一

**不一样的父亲，同样快乐的父亲节**

习惯在睡前阅读的父亲

酷爱手工甜点的老爸

坚持全家每年都要出国的爹地

开始戒烟的老豆

喜欢在星期天逛中兴百货的爸爸

不一样的父亲，同样快乐的父亲节

每一位父亲各有不同，但唯一相同的是，只要有父亲的家庭，都会充满安全感和幸福感。一个家庭不需要太多，但是父亲的角色不能缺少。

当然，这是在广告中。现实生活里，毕竟有给家庭带来各种不幸的父亲，那我希望这样的父亲有机会读到这些美好的文案，以促使他们的心灵和言行也美好起来。

#### 中兴百货父亲节以“父亲”之名的文案之二

**八月八日亲子关系练习**

“亲爱的爸爸，我会好好听话！”

如果感到恶心，就是：“父亲大人，您就像照耀菜园的太阳！”

如果觉得八股，就说：“阿爸，我要孝顺您一世！”

如果太LOCAL，就是：“Daddy, I love you。”

如果他听不懂，就用行动表示，比如：买一套质感无懈可击又颇具绅士风格的ARMANI送给他，祝爸爸永远健康快乐英俊潇洒！

#### 中兴百货父亲节以“父亲”之名的文案之三

深灰西装裤下藏着紫色的袜子

老花眼镜阅历过无数美女杂志

父亲，每天早上说一声：“爸爸上班去啦！”

为全家带来安全感的可敬男人

偶尔喜欢庄严地开开品位的玩笑

今年父亲节，中兴百货献给爸爸“父亲节香水特展”和“流行绅士服装秀”，欢迎您前来挑选最匹配父亲的香水、服饰……把父亲打扮成一个“最称心的爸爸”

他的虚荣将不由自主满到喉咙上……

一位开明的父亲与其孩子之间的关系，应该像年长者与年幼者之间的老友关系，偶尔可以相互撒撒娇，开开玩笑，相互之间不用太过于拘束，双方可以自由随性表达内心的情感。我想，这应该是拥有带来幸福感的父亲的文案创作者写出来的文案。

### 中兴百货父亲节以“父亲”之名的文案之四

**父亲十戒**

1. 拒带孩子去看《狮子王》
2. 忽略木法沙被刀疤陷害的教训
3. 看运动转播比看老婆认真
4. 对厨房与尿布陌生
5. 只和孩子用国语交谈
6. 成家 3 个月开始觉得后悔
7. 喜欢一个人独处
8. 对“成功男人的背后有一个默默付出的女人”深信不疑
9. 将中兴百货的折扣广告藏起来不给老婆看
10. 放弃勒索父亲礼物

该文案将父亲的形象定义得非常简单但同时又蕴意丰满，其将出自佛家的“戒条”写得如此生活化。对孩子和家庭来说，做到这“十戒”的男人一定是最完美的父亲，当然也是中兴百货广告文案中所描述的“父亲”。

不管如何，每个家庭都需要一位完美的父亲，就像每个少女都希望生命中出现一位白马王子一样。

### 中兴百货父亲节以“父亲”之名的文案之五

让我妈怀孕的是你
造成我第一次失恋的是你
觉得最烦的是你，最爱的也是你
我的最后一次恋爱是你
若没人要得负责“娶”我的是你
常常惹我生气的是你，最爱的也是你
For my lovely papa

我认为这则文案是以描写父女感情为主题的广告文案中，最好的一则。其完美诠释了文案的魅力所在，通过简短的几句话，就能将复杂的感情与关系勾勒出来，而且能引发我们丰富的联想。一则文案使我们只需要十几秒就有这样的精神体验，而一部电影可能需要我们 90 分钟，一本小说需要我们 9 个小时，一部视频剧可能需要我们 9 天。

文案是瞬间的精彩，瞬间的烟火，很短暂，但一定会让我们记忆深刻。

中兴百货父亲节以“父亲”之名的文案之六

**关于我们的恋父情结**

丹顶发蜡；大男子主义；555 香烟；美好挺衬衫；35 年历史劳力士腕表；舒适牌刮胡刀；三船敏郎；硫克肝；米色风衣；007 邦德女郎；花花公子笑话选辑；白花油；派克钢笔；野狼 125；都彭打火机；兰记豆腐乳；那卡西。

即使跟父亲再少交谈，他的一举一动仍是我们心头对男子汉的永恒形象。

这应该是上一个时代对父亲的典型描绘。每个时代的孩子对完美父亲都有内心的界定，一个值得骄傲和可以炫耀的父亲，能让孩子在同伴中的自信心加倍。

这则广告文案让已经成年的人们回想幼时眼中“高大的父亲形象”，重温孩童时与父亲之间的生活片段和感情，当然这也是中兴百货塑造的理想的父亲形象。不过，管它是不是广告，至少父亲和孩子之间的感情是真的。

好的广告和广告文案不会丑化这个世界，相反，它们虚拟了一个美好的世界。好的广告和广告文案让我们意识到有更好的选择，我们需要更好的，我们应该拥有更好的。

## 11.3 孩子

孩子天真、单纯，充满无限的可能。孩子是我们的希望，孩子成长为什么样，我们的世界就会变成什么样。

在成人的世界，对于孩子主要有两种想法：一种是希望孩子健康成长，成为优秀的人；另一种是怀念自己曾是孩子时的生活，希望自己能永葆童真。成人的这两种想法都经常在广告和广告文案中得到体现，也都能唤起成人内心温暖而柔软的一面。

另外，在广告创意的 3B 原则[1]中，Baby（孩子）也是广告吸引力要素之一。当广告或广告文案中出现孩子的时候，我们都能放下警戒之心；以温暖之心看待孩子的时候，也以温暖之心看待广告的内容。

### 以“孩子”之名的短文案

- 依云：Live young（永葆童真）

法国依云矿泉水的广告一直取用婴儿的形象，在它的广告中，婴儿穿着旱冰鞋畅快淋漓地滑旱冰，在游泳池中跳起水上花样舞蹈。在依云近期的广告中，成年男女甚至老年人都在镜中变成了三四岁的小孩子，兴奋地跳起各种舞蹈。多喝水，多喝依云，让自己年轻活泼，“返老还童”，就像三四岁的孩子一样朝气蓬勃、天真纯洁。

- 儿童速体健：孩子，我要你将来比我强

每个父母都对孩子有美好的期望，一代更比一代强，是中国人的养育观念，许多父母甚至把自己未能完成的心愿寄托在下一代身上。这句广告语迎合了中国大多数父母的心理，相信只要是父母都能产生强烈的共鸣。

[1] 所谓 3B 原则，是广告大师奥格威以广告创意为切入点而提出的广告表现三原则——Beauty（美女）、Beast（动物）、Baby（孩子），人们将其统称为“3B 原则”。

● Ratika's 饰品：让您年轻起来

女人，都希望自己永远年轻漂亮，肌肤如婴儿般细嫩。在 Ratika's 饰品的广告中，戴上饰品的女人瞬间变成了小婴儿，虽然夸张，但可爱至极。

● 顾家家居：孩子的世界是单纯的，你说改天，她就会一直等到那天

成人世界，似乎每天都充斥着数不清的应酬和工作，在家陪伴孩子的时间也越来越少。许多父母总是会用“改天”这样的字眼来回应孩子的请求，殊不知等你真正忙完的那一天，才发现你已经错过了孩子人生中的重要阶段。

顾家家居以“孩子的纯真”为切入点，反观成人的心理，仿佛告诉我们不要用成年人特殊的“语言”来敷衍孩子，委婉地向我们传达出“不要让孩子等太久”的观念。

● 海伦堡：城市欠你一个位置，你差孩子一个故乡

这一广告语对“游子”的心理进行了洞察，走的是感性诉求路线。当初你背负所有人的期望带着妻儿一同来到陌生的城市打拼，若干年后，你的“游子”身份似乎还未得到改变。这个拥挤的城市欠你一个落脚的位置，而你也欠孩子一个温暖的故乡，该让你和孩子在这个城市有个“家”了。

● 招商银行信用卡：追不上孩子的成长速度，所以每一天更要全力以赴

和孩子一起成长，不要被快速成长的孩子抛下，不要让你的智商早早地被孩子的智商碾压。和孩子一起加油，一起成为更优秀的自己，我们都正年轻。

## Jeep·自由光儿童节以“孩子”之名的视频广告文案

陪伴孩子成长不是一件容易的事，没有不希望自己孩子出类拔萃的家长，于是如何教育孩子陪伴孩子成长成了最令家长头痛的难题。其实，最简单的方法是你同孩子一起成长，因为家长往往会成为最容易被孩子模仿的对象，所以家长的“格局”决定了孩子的成长方向。在孩子的成长过程中，家长的正确引导至关重要。

Jeep·自由光儿童节以“孩子”之名的视频广告文案

**看过世界的孩子更强大**

他不怕黑

是因为你曾在漆黑的夜里带他看过最亮的星

她更有主见

是因为你带她发现过的世界比课堂大得多

他比同龄人更爱问为什么

是因为你早就为他打开了好奇的大门

未来的他勇敢无畏

抵得住风雨的侵袭，探索世界的边界

未来的他心里住着远方

冲出山川湖海的栅栏，领略万物生灵的神奇

未来的他好奇心不灭

对未知的一切保有热忱，直到寻到答案

因为

现在的他正随你踏上旅程

看最美好的世界

看过世界的孩子更强大

Jeep

这则视频广告文案运用了排比的句式，以“看过世界的孩子更强大”为核心主题，从“家长对孩子引导的重要性”这一维度展开描述，抓住“孩子的出彩取决于你的眼界”这一诉求痛点，并随之描绘出一幅未来蓝图吸引目标受众。它给目标受众传达出的是一种主动地去开阔眼界的理念，世界这么大，不妨开着 Jeep 带着孩子一起去看看外面的世界，因为看过世界的孩子更强大。

### 泰国人寿保险以“孩子”之名的视频广告文案

泰国人寿保险的广告都非常经典和感人，在本书中多次提到它的广告及广告文案，不管其是以“爱情”之名、以“父母”之名还是其他，都能深深地打动受众。在它的视频广告中，有两则广告文案可以放在这一节来分享。

**泰国人寿保险以孩子之名的视频广告文案之童声合唱篇**

当我还是个小女孩，我问妈妈，长大了我会变成什么样子呢？会漂亮吗？会富有吗？

妈妈对我说，世事不可强求，顺其自然吧，我们无法预见未来。

世事不可强求，顺其自然吧。

当我还是个小男孩，我问妈妈，长大了我会变成什么样子呢？会英俊吗？会富有吗？

妈妈对我说，世事不可强求，顺其自然吧，我们无法预见未来。

世事不可强求，顺其自然吧。

（旁白）

人出生而不同，悉心照顾不变。

泰国人寿，见证每个生命的价值。

在该视频广告的画面中，天真无邪、恬静自然地唱着歌的孩子们，其实每一个都有着严重的身体残疾，但是他们都忘记了自身的残疾，生活在安逸的环境中，感受着各方面的爱。这是泰国人寿保险想要给残疾孩子的保护，虽然“人出生而不同”，但泰国人寿平等地对待每一个人，给每一个人“悉心照顾”。

现在，你需要给你即将出生的孩子买一份人寿保险吗？这是广告的视频画面中出现众多怀孕妈妈的暗示目的。

**泰国人寿保险以孩子之名的视频广告文案之聋爸爸篇**

**说不出口的爱**

（配音）“我希望有个更好的爸爸，一个正常的爸爸，一个再平凡不过的爸爸，能听见我想说什么的爸爸，能开口说话，懂我心的爸爸。”

（手语）“医生，你一定要救救我的女儿，房子、积蓄全部都可以给你，你一定要救救她。”

“你要多吃一点才会快快长大；你要用功读书；宝贝，一定要快快乐乐；爸爸一出生就听不见，对不起。不能像其他人的爸爸一样，开口说话。但是我要你知道，我非常非常爱你。”

“医生，输我的血……”

（旁白）或许，你没有一个 100% 完美的父亲，却有个 100% 爱你的父亲。

给最爱的人最好的照顾，泰国人寿。

父亲理解和疼爱每一个孩子，每一个孩子也应该理解和深爱自己的父亲。孩子是父母的一切，可是父母并不一定是孩子的一切。所以，就出现了这一则视频广告，文案极其煽情感人，我承认我第一次看到这则广告的时候，眼泪盈眶。

买一份人寿保险，照顾你爱的人，照顾你的父母，照顾你的孩子。

## 多芬自信基金会以“孩子”之名的视频广告文案

孩子是我们的未来，如何才能让我们的世界有一个更好的未来？我们应该用心关注下一代成长的每一个阶段，从他们的角度出发，而不是从自身的角度出发。多芬曾以建立“多芬自信基金”的名义，推出了一系列的视频广告，真正体现了关爱应该从孩子的角度出发。

**多芬自信基金会以“孩子”之名的视频广告文案**

“她担心她太胖了”

“她希望天生双眼皮”

“她觉得自己是丑小鸭”

让我们一起帮助她们改变想法

多芬自信基金，为此成立

因为每个女孩都应该觉得自己很好

她们比自己想象的还要美丽

与我们一同帮助她们

孩子的心理决定了他们的成长和发展轨迹，我们要去关注他们内心在想什么，是什么激励他们自信和努力，是什么让他们感到自卑和灰心。多芬，作为家庭日化产品生产商，希望能融入每一个家庭，其通过这样的公益行动和广告，既联结了父母与孩子之间的感情，也成为和父母们共同培养下一代的“伙伴”。

### 雕牌牙膏以“孩子”之名的视频广告文案

现实生活中，有一种特殊的家庭，那就是有继母或继父的家庭。在这样的家庭中，因为血缘关系，或许会引发诸多的情感和家庭问题。然而这样的问题往往被人们避讳，雕牌牙膏则抓住了这个广告点曾大胆推出了一则视频广告，并且连续播放了很多年。这则视频广告的画面感人、音乐唯美，成为中国视频广告史上的经典案例。

**雕牌牙膏以“孩子”之名的视频广告文案之“新妈妈”篇**

（配音）

“我有新妈妈了，可我一点都不喜欢她。”

“她好像也没那么讨厌，她笑起来像我妈妈。”

（旁白）

真情付出，心灵交汇

雕牌牙膏

这则视频广告的音乐独有韵味，每当这则广告的音乐响起，我都会马上融入广告剧情，广告通过三四个场景就把小女孩的童真和单纯完美地演绎了出来。一把雨伞、一张照片、一个微笑以及一管熟悉的牙膏，小女孩和“新妈妈”的关系因此而改变，只要“真情付出”，就能“融解冰雪”。

同样，这则视频广告及广告文案也蕴含着另外一层深意，即尽管当初人们对雕牌牙膏有着各种各样的“偏见”，但是品牌商相信只要“真情付出”，人们终将接受雕牌牙膏，让雕牌成为人们家庭中的“一员”。

确实，在雕牌上市时，正好是跨国日化品牌和国内日化品老品牌雄踞中国日化市场的时代。作为新品牌，雕牌要想成功进入市场，成为人们喜欢的日化品牌，其面临的困难与“一位新妈妈要获得小女孩的接受”那样的困难一样艰巨。

由此剖析，这则广告的创作者确实心思细腻且眼光敏锐，对市场和广告的表现都拿捏得非常到位。

最后，我想提及的是南方黑芝麻糊的视频广告。广告开头是一声“黑芝麻糊咧”，然后出现一句：“小时候，一听到芝麻糊的叫喊声，我就再也坐不住了……”一下子，我们的思绪就被带回那个童真无邪的年代……还有什么比这个更感动人的呢？每次听到这一句文案，我的心都要“融化”了。

## 11.4 家

不管如何，只要将广告诉求与家联系在一起，都会赢得消费者的好感。因为只要看到“家”这个字，我们都会联想到家带来的温暖，想起母亲可口的饭菜，想起一家人的其乐融融，想起小时候的欢乐游戏。家是我们心里永远的港湾，是每一个人在外奔波受累时踏实的依靠。

在视频广告中，常常会出现全家团聚的情景，出现一家三口欢乐而和谐的场面。没有人不对家怀有最好的联想和记忆，没有人不希望拥有一个美好的家庭。当一个品牌以“家”之名来宣传的时候，久而久之，受众就会对该品牌产生温暖如家的感受，这样品牌就会进入人们的内心，成为人们喜爱的品牌。

- 方太：让家的感觉更好

每天围着厨房转的人一般都是最爱家的人，也是努力为家营造温暖氛围的人。方太作为一家厨具生产商，主要针对家庭主妇进行诉求。这句广告语体现了方太用心地了解家了庭主妇，深深地懂得了她们。

- 全家便利店：全家就是你家

全家便利店，你随处可见的便利店。你家想要的东西，全家便利店都为你准备好了，你想要的都有，你随处可以找到，它就在你身边。

- 雷诺：让汽车成为一个小家

让汽车成为一个小家，舒适、安全，带给你温暖的感受。这是在你离开你的房子之后的另一个“房子”，里面有你的家人，你可以享受同样愉悦的生活。对于家用的轿车车型来说，这句广告语是非常有打动力的。

- 万家乐电器：万家乐，乐万家

万家乐是中国老牌的家用电器，家用电器以家为诉求，是很自然的。让每个家庭拥有带来方便生活的电器，是让人感觉幸福的事情，当时的万家乐也因此成为家喻户晓的家电品牌。

● 奔驰：不惧路途遥远，有家就有方向

好的文案总能让我们感受到一种情感主张，让我们在这个无情的商业社会感受到一种来自第三方的温暖。“不惧怕路途遥远，有家就有方向”，这句文案无疑是走心文案的代表作。

● 孔府家酒：孔府家酒，叫人想家

这是中国广告史上的经典广告语，经由歌手刘欢的深情演绎，让孔府家酒随着这句广告语传遍千家万户，也使孔府家酒一度成为中国人心中好酒的象征。在孔府家酒的鼎盛时期，能买上一瓶孔府家酒回家，那是很幸福的一件事情。

● 富邦文教基金会：夜深了，打个电话回家

对于家人来说，一个电话就能温暖一颗心。夜深了，打个电话回家，能温暖所有的寒冷，能化解所有的隔阂。每个人，作为家庭的一员，都应该拥有一颗温暖的心。

● 台湾宜家：女儿的出嫁不是离家，而是把更多的家人带回家

“女大不中留”“嫁出去的女儿是泼出去的水”，在传统观念中，“女儿出嫁”似乎是父母不太愿意提及的话题。宜家为“女儿出嫁”的性质进行了重新定义，女儿不是离开了家，而是为家里带来新的家人。重新定义传统观念的品牌，往往也能获得受众别样的青睐。

● 宏福文教基金会：留一盏灯给最后回家的人

留一盏灯，让夜归的人感觉到温暖，让夜归的人感觉到家人的关怀。细微的心灵付出，能让一个家变得温暖。每个家都温暖，整个人类世界也将温暖。

● 公益广告：高高兴兴上班去，平平安安回家来

这是遍布中国大地的广告语，这是最朴实也最真情的一句话。每天高兴地离开家，每天平安地回到家，这是家人对你唯一的期望。对于普通老百姓来说，健康地活着，有一个温暖的家，有这两样就足够了。

● 支付宝：回家，对中国人来说从来不是新闻。但你每次的回家，对家人

来说都是重大事件

无论我们在外面受到多么悲凉的冷遇，我们回家时，总会迎来家人热情满满的“接待”：全家最美丽的笑脸，最亲切的问候，最美味的食物。为家付出，为家支付，无论压力有多大，都值得。

从上面的文案来看，以“家”之名来进行广告诉求的，都会得到受众的好感，没有人会拒绝一个温暖的家，“家”这个字出现的次数再多，人们也不会觉得心烦。

家是最好的地方，文案创作者借用“家”来宣传，也就将企业的品牌与我们心中最为温暖的“家”联系在了一起，人们就算不会爱上这一品牌，也绝不会反感它，就像你不会反感任何一个希望你的家更温暖的人一样。

# 第12篇 国家

## 12.1 中国

在国际品牌横行国内的今天，在民族品牌勇于创新、不断奋进并与国际品牌相抗衡的今天，在有爱国主义情怀的人们心里，对民族品牌是存在偏好的。

民族品牌也看到了这一点，他们适当地利用国人的民族情节进行广告宣传。同时，一些跨国企业为了进入中国市场，也通过收购中国品牌以期来迅速打开市场，比如联合利华收购中华牙膏，美国吉利收购南孚电池，法国达能收购乐百氏，等等。

往往，只有在两国交锋之时，才能显示出一个国家国民的团结性。不过在国内品牌与国外品牌竞争的时候，同样能显示出一个国家消费者的团结性。一般而言，在两种品牌差异不大的时候，相信人们会更偏向于选择本国品牌。所以，当品牌商打出民族品牌口号的时候，相信人们也会给予支持。

### 以“中国”之名的短文案

在这些年的广告中，以“中国”或“中华”之名的文案多出现在广告语中，通过口号式的文字激发目标受众的民族情怀，获取更多消费者的支持。一些具有先天优势的企业也直接在品牌名称中融入“中国”或“中华”，直接体现其民族品牌的独特性，如中华牙膏、中华香烟、中华汽车、中华豆腐、中国移动、中国联通以及中国电信等。

● 中华香烟：爱我中华

爱我中华，爱我中华香烟。这有点挟“中华”之名绑架国人之意。中华香烟和它的这句广告语很直接，很露骨。同时，中华香烟也不是普通烟民消费得起的，中华香烟和它的广告语似乎让普通烟民很受伤，因为他们“爱不起”中华香烟。

● 中华牙膏：中华永在我心中

中华牙膏，一度是中国市场上牙膏行业的主导品牌。在被联合利华收购之后，联合利华为了推广自身的品牌，很长一段时间将中华牙膏“雪藏”。中华牙膏，是国内很有历史底蕴的牙膏品牌，它的品牌历史和影响力足以支撑“中华永在我心中”这句口号。

● 海尔：海尔，中国造

海尔，中国家电行业著名品牌，其也是通过各种宣传才成为深入人心的一个家电品牌。在家电竞争激烈的时候，它推出这一广告语，进一步提高了国人对民族品牌的支持力度，也使它成为中国民族品牌的代表之一。

● CCTV《时尚大师》：让时尚触手可及，让世界爱上中国

CCTV 一直以来都是一个极具中国色彩和中国气息的电视频道，该文案将时尚与中国相结合，碰撞出浓烈的爱国情怀。让时尚触手可及是一个远大的目标，而让世界因时尚爱上中国更是宏伟目标的体现与升华，冲着这满满的爱国情怀也应当去关注 CCTV《时尚大师》。

● 格力电器：让世界爱上中国造

有一个时期，大部分企业都开始以“中国造”来标榜自己，这大都来源于中华民族的民族自豪感，我很庆幸能够见证人们对“MADE IN CHINA”印象的改观，格力电器的这一句广告语或许没能走上国际舞台，但我始终相信终有一天全世界的人们都会爱上“中国制造”，就像目前大多数国外人正对“中国制造”的印象慢慢改观一样，这是一个逐渐变化的过程。

● 红旗轿车：坐红旗车，走中国路

红旗轿车，是民族汽车品牌的主要代表，是值得人民自豪的民族汽车品牌，同时，我们也希望借红旗轿车走出一条中国独立研发和推广的高级轿车制造之路，这条路我们已走了很多年，而且走得很艰难，但我们会一直走下去。

● 一汽奥迪：走中国道路，乘一汽奥迪

又是一个“走中国道路”的品牌，不过，这是一个典型的合资品牌。在今天的中国，奥迪已经成为比肩宝马和奔驰的第三个高档汽车品牌。这似乎也从一个侧面反映出，尽管是走中国道路，但若不给有钱的车主沾上“洋气”，可能是行不通的。

● 美菱冰箱：中国人的生活，中国人的美菱

除了海尔，美菱是第二个打中国民族牌的家电品牌。作为富裕起来的中国人，或许每个家庭拥有一个美菱冰箱，可以视作进入小康生活的标准，在三四线城市和农村市场，这是很有打动力的。

● 中国联通：情系中国结，联通四海心

联通的标志是一个中国结，它早期的广告语也是延伸了中国结之意。中国结，联结中国人的感情，让全国人民四海一心，共同发展。在改革开放初期，中国经济蓬勃发展，人民生活欣欣向荣。这一句广告语顺应了当时的时代，获得了人们的认同和好感。

## 《航拍中国》纪录片以“中国”之名的宣传文案

家国情怀是中国优秀传统文化的基本内涵之一，是公民与生俱来的一种情感，是个体对共同体的一种认同。无论你在哪里，我们都希望祖国更加美好，我们也希望听到世界人民对我们的祖国有更多更好的评价。

《航拍中国》纪录片宣传文案

总有一些风景

是我们的想象到达不了的地方

一片叶脉，可以绵延数十公里
水和云，架起梦中走过的路径

我们和高空气流周旋着
创造出一个垂直世界

陆地边缘，奔腾着生命的律动
密林深处，回荡着古老部落的传说
高山之巅，隐藏着上古神兽的踪迹

俯瞰云下的世界
图形、线条的背后，是上天造物的秘密

数亿年前
这里的鱼群和沙子一样多

如果潜到水面之下
会发现，我们正在飞越的是一座座山顶

蓬勃的生命，在此周而复始地循环
直到山林，改写了它的基因密码
直到海水，更新了它的流浪轨迹

我们对这里的生活极尽耐心
在纤维之上提取智慧的载体
在沙漠深处创造生命的能量

有时候，日子过得像浮萍
有时候，生活又必须逆风而行

上千年的历史跨度

就是从此岸抵达了彼岸

六百年的暮鼓晨钟
保持着先人们的时间惯性

几十年前，这里的渔民还在憧憬外面的世界
现在，它已汇集了半个世界的期待

全新视角，俯瞰今天的中国
系列纪录片《航拍中国》
带您一起，天际遨游

航拍技术广泛运用于宣传片的拍摄之中，其优越的空间条件能够让我们更加清楚地看到事物的全貌，而且增强景物给我们带来的磅礴之感。开头的一句文案直接点题，“总有一些风景，是我们的想象到达不了的地方”。我们的想象一定是依托于我们对相似事物拥有的基础认知，凭空想象对于平凡的我们来说似乎具有一定的难度。想看看那些我们平日里看不到的风景吗？那么航拍可以满足我们的愿望。

这一系列宣传片突破了以往直抒胸臆赞颂祖国的方式，在运用富有深意的辞藻赞美祖国大好河山的基础上，对中华民族的生存哲学进行了凝练。

## 跨国品牌以“中国”之名的文案

利用当地人和文化来创作文案是顺其自然的事，同属于精神文明中的一部分，文案也在传承和发扬中华文明。

与此同时，一些跨国公司品牌，也渐渐开始挖掘和利用中华文化，试图悄然瓦解国人内心对外来品牌的藩篱。随着越来越多的国外品牌进入中国，文化越来越全球化，中国越来越年轻的一代已经忘记了民族品牌和跨国品牌的区别，跨国公司在中国的品牌推广越来越深入和牢固了。

值得我们关注的是，国际品牌在广告中的本土化策略是越来越直接、自然和露骨了，让我们来看下面两则文案。

**尊尼获加威士忌以“中国”之名的视频广告文案**

为下一次跨越纪录

为下一位华人精英

为下一个好莱坞传奇

为下一次迈向新突破

为下一个……

举杯

为走向世界举杯

中国，KEEP WALKING

尊尼获加威士忌的广告语是“KEEP WALKING”，它进入巴西时曾以“巴西，KEEP WALKING”的广告策略进行品牌宣传，来到中国也试图以“为中国加油”的策略打开中国市场。

国际品牌试图让我们忘记它们的外国血统，试图消除所有的隔阂，希望国人像接受一位诚恳的来宾一样接受它们。它们的文案传达了一种概念，那就是它们理解我们，它们希望和我们一道去努力和发展，去追求更好的生活。

另外一则文案来自可口可乐，作为 2008 年北京奥运会的品牌赞助商，它推出了传唱大江南北的广告歌《红遍全球》。这首歌由林夕作词，雷颂德作曲，张学友演唱，一度被人们认为是中国为北京奥运会推出的公益歌曲。

可口可乐2008年北京奥运会广告歌词

《红遍全球》(部分歌词)

好呀!好呀!中国人红起来

好呀!好呀!畅爽呀

为了这个时候　为了这个时候

我们力争上游　滋味前所未有

这痛快的感受

我们都等了很久　已等了很久

兴奋就拍手　兴奋就拍手

快乐就在手　快乐就在手

在鸟巢展翅的好手

创新宇宙都变成好朋友

好呀!好呀!中国人红起来

好呀!好呀!畅爽呀

为了扬起眉头　为了扬起眉头

我们埋头奋斗　我们埋头奋斗

这梦想成就

我们都等了很久　已等了很久

激动不保留(激动怎保留)

滋味不放手(滋味怎放手)

让五环把我们紧扣

以心交心手拉手红遍全球

可口可乐多年来一直贯彻本土品牌战略，在中国的中秋节和春节等传统节日其都会推出洋溢着中国式喜庆色彩的广告片，其广告表现比中国品牌的广告“更中国”。

尽管北京奥运会已过去多年，但这一曲《红遍全球》的旋律和“中国红起来”的歌词依然铭刻在国人心中。从广告的表现来看，奥运会期间，可口可乐单凭这首广告歌就已经超越了所有的国际品牌和中国品牌，成为北京奥运营销最大的赢家。

“好呀！好呀！中国人红起来！”是的，和可口可乐的红色一起“红起来”。这是可口可乐北京奥运营销的目的，它实现了。

## 12.2 城市

在传播学理论中，有“接近性”的说法，即事件发生的地点离受众越近，越容易被关注。对于文案来说，我认为这个道理同样适用，文案中出现的地点越是目标受众熟悉或者接近的，越容易激发目标受众的兴趣和关注。

所以，在国际品牌雄踞市场的产品领域，有些品牌就打出民族品牌的旗号进行宣传，比如在“中国”一节中提到的“海尔，中国造”“坐红旗车，走中国路”，以及奥妮皂角洗发膏的广告语“长城永不倒，国货当自强”。这是国人对国货由心而发的感情，这是属于我们国人自己的产品。企业抓住人们的这种心理，与人们的内心达成情感共鸣，进而打开市场。

同样，在国内市场，地方性的品牌则打“地方牌”或“当地牌”，一些品牌直接以地名来命名，这在啤酒品牌的命名中尤为突出，比如燕京啤酒、青岛啤酒、哈尔滨啤酒、大理啤酒等。当地人喝当地的啤酒，这似乎理所当然。喝酒的人讲的是“情义”，如果本地人都不“照顾”本地人或者本地品牌的“生意”，那还称得上什么喝酒的“汉子”？所以，我们会看到，很多当地人都会偏向于本地的啤酒品牌，除非本地品牌在产品品质上确实令人不满，才会转向外地品牌。

将地名用于产品品牌是比较直接的，而在文案中，广告人也在试图通过利用本地人的情感获得人们的好感，从而提高产品的知名度和美誉度。比如，在一些知名的文案中，我们就经常看到上海、北京以及我国台湾等地名在其中的出现。

## 以“上海”之名的文案

在具有商业和历史文化气息的城市中，上海是一个典型，它见证了中国经济的兴衰和崛起，它一直立于中国改革开放的潮头，对于上海人乃至全国人民来说，都具有特殊的意义。

在我的印象中，应该是 20 世纪 90 年代，一首朴实而温暖的歌曲一直让我不能忘怀，那就是力波啤酒的广告歌，它的歌词和韵律一直留在我的记忆里，我认为它堪称中国广告史上广告歌的经典。

力波啤酒以“上海”之名的文案

**《喜欢上海的理由》（广告歌词）**

上海是我长大成人的所在 / 带着我所有的情怀 / 第一次干杯，头一回恋爱 / 在永远纯真的年代 / 追过港台同胞，迷上过老外 / 自己当明星，感觉也不坏 / 成功的滋味，自己最明白 / 旧的不去，新的不来 / 城市的高度，它越变越快 / 有人出去，有人回来 / 身边的朋友越来越新派 / 上海让我越来越爱 / 好日子，好时代 / 我在上海，力波也在。

寥寥百余字，就将 20 世纪 90 年代上海人的情怀勾勒出来，我想这首广告歌词不光打动了当时的上海人，也打动了全中国的人，因为改革开放的初期，整个中国都处于快速而剧烈的变化中。不管是城市的外在建设还是人们的内心变化，都在辞旧迎新的过程中。啤酒能让我们庆祝发展，也能释放我们内心的激情。

## 以“北京”之名的文案

每个朝代的都城都承载了特殊的价值和意义，北京、西安、洛阳、南京、开封、杭州……而生活在古都和现在首都的人们，其心态也会有不同，因为他们生活在曾经或者现在的中国的政治文化中心，在“天子脚下”。

在流行歌曲中，陈升的《北京一夜》和汪峰的《北京北京》是描写城市歌曲的代表作，也是传唱最多的有关城市的歌曲。那么作为现代文化中的文案，是怎么来描绘北京和北京人的呢？让我们来看看《北京晚报》的文案。

《北京晚报》以“北京”之名的文案

**我是一个北京人**

我不是一个记者
我只是喜欢亲近身边可爱的人
我不是摄影家
我只是喜欢捕捉生活中每一点感动
我不是一个作家
我只是喜欢用文字记录灵感的冲动
那么，我是谁
我是一个北京人
一个热爱自己生活的这座城市的北京人
我希望以自己的方式为北京写一本日记
可以在每个晚上
将自己一天的感动讲给朋友们听
和他们一同分享
“我见过那黎明宁静的城市

和忙碌的人们
我见过他们欢乐的微笑
还有悲伤的泪滴
我拍过雨后彩虹下的女孩儿
也曾与走街串巷的青年人称兄道弟
我看到过邻居们滑过那条街
也拜访过写字楼中的踽踽人影
……
我记下了可爱的城市
和可爱的人们”
每一天，我都会为收获的感动而骄傲
为倾听我故事的人们而信心百倍
我，是一个北京人
一个收集感动的北京人
一个热爱自己生活的这座城市的北京人

《北京晚报》记录了北京每天的新闻，记录了北京每天的发展，作为《北京晚报》的记者，就像一个记录员一样默默记录发生在北京的一切，而这一切正是每一个北京人每天都经历和感受到的。那么，《北京晚报》、《北京晚报》的记者与每一位北京人是融为一体的，他们共存于这座城市，一同感受着这座城市的荣辱与兴衰。

## 以“台湾”之名文案

台湾是我国的一个典型地域，它不但传承了中华五千年的历史文化，而且将中华的历史传统和现代潮流很好地融合在一起，成为中华大地上极具人文涵养的地方。也正因为此，作为现代文化中的中国台湾广告文化，不断对祖国大陆的广告文化起着引导、影响和互动的作用。我们先来看看台湾品牌的广告语是怎么推销当地牌的。

**台北市广告公会以“台湾”之名的广告语**

台湾，加油！

**台湾无线视频以“台湾”之名的广告语**

一步一脚印，大家爱台湾。

我认为，这是非常简单和质朴的广告语，也是非常具有号召力的广告语。如果我们将“台湾”换成“上海”或者“北京”，那就是“上海，加油”，或者是“北京，加油”，或者是“一步一脚印，大家爱上海”，或者是“一步一脚印，大家爱北京”，可惜至今在祖国大陆我都没有看到这样简单而又引发人们共鸣的广告语。

接下来，我们看看台湾地区其他打“城市牌”的文案。

**中兴百货以“台北”之名的促销活动文案**

想看紧荷包又想疯狂购物，你必须知道这些——

巴黎洗照片的价钱是台北的四倍半

纽约的名牌皮包比东京便宜一半

台北蚵仔面线比鹿港贵二至三成

在伦敦影印一张要新台币五元

到巴黎咖啡店站着比坐下来喝便宜四分之一

在台北买 Claude Montana 比到米兰买划算

中兴秋季特卖计时开始

只有真正用心关注当地人生活的细节，真正用心感受当地人的生活冷暖，我们才会找到打动当地人的切入点。如果你要说服一个人，首先你要成为他的朋友。同样，在文案领域，你要打动广告受众，你就必须和他们生活在一起，只有这样你才知道他们喜欢和厌恶什么以及令他们开心和痛苦的是什么，你才能写出激发他们与你产生共鸣的文案。

台湾意识形态广告公司以“台湾”之名的企业形象文案

**我们发现台湾有 4 亿人口**

比利是个朝九晚五的贸易公司业务经理，晚上则是兼差的无线电计程车司机。

他是王妈妈的儿子、娃娃的舅舅和大卫的表弟，在网络购物时他是不眨眼的闪灵刷手，在号子里观察股票指数时他可是精打细算的投资人，而约会时又变成了某个女人的最佳男主角……

在网络化的未来社会里，一个比利在不同的情境中可能是数百个不同身份的比利。

我们看到的台湾并不是你认知的 2000 万人口，而可能是 4 亿人无疆界市场。

所谓独具慧眼，不只是指看到什么，更是指观察世界的敏锐角度。

对我们来说这不只是眼力，而是一种能力。

不要用 20 世纪的眼睛观看 21 世纪的风景。

“我们看到的台湾并不是你认知的 2000 万人口，而可能是 4 亿人无疆界市场”，这就是台湾意识形态广告公司的“独具慧眼”。真正深入了解市场，解构人们的生活，发现人们新时代的生活形态，成为一家能创作出打动受众作品的广告公司。

真正地深入了解当地人，才能在当地经营我们的生意，当时的台湾意识形态广告公司应该深知这一点。

## 12.3 山川

孔子言道，“智者乐水，仁者乐山；智者动，仁者静；智者乐，仁者寿”。意为“智慧的人乐于像水一样灵活，仁义的人乐于像山一样坚守；智慧的人懂得变通，仁义的人心境平和；智慧的人快乐，仁义的人长寿”。

我是大山的孩子，大山养育了我。我的家三面环山，只有一条路通往山外。粮食种在山上，野果子来自山上，小时候的记忆来自山上。

大山是心底的一道印记、一道沟壑，一生无法逾越。来自城市和平原的人们通过登山来找到勇士的感觉，而我从小就是勇士，每天从这个山头到另一个山头，为了种出一点儿粮食，为了找到一点儿人和家畜可以吃的食物。

从小到大，山在心里的印象都是伟大的，我和家乡的人们都只是山里的一个小生命，同出生在山里的其他动物一样。

所以，我是有资格谈山的，山代表了原始和野性、厚重和深远。人们通过登山，想要让自身也具有山的“性格”——原始野性、厚重深远。从这个角度来说，山象征着一个成熟的男性。一个伟大的男人，当如一座大山。迎着风吹日晒，随着自然生长，包容万千，为世界不断奉献，从不张扬与失落，永远伫立。

所以，在以成熟的男人为目标受众的广告中，“山”是一个频繁出现的字眼。企业希望将“山”的形象和性格转移到品牌的形象和性格上来，从而引起成熟男人的好感和共鸣。文案永远在讨好受众，什么是人们喜欢的，他们就会写什么。

### 以“山”之名的短文案

自古以来，中国的智者和剑客都通过走访名山大川来获得各种体验，通过山的“涵养”来提升自身的涵养。中国人谈山，言必称“三山五岳”，泛指中国各地的名山。其中由泰山、华山、衡山、嵩山和恒山而总称的“五岳”，成为中国大山的代表。千百年来，中国的文人墨客为中国的大山留下了无数的诗词和画作。

在现代商业中，出现了很多直接以“山”为名的品牌。但从品牌名来说，它们都会得到人们的好感。同时，以“山”之名的广告语也不断出现，借人们对山的遐想而产生对品牌的好感。

● 红塔山香烟：山高人为峰

在中国，以“山”为名的品牌名中，最著名的应该是红塔山香烟。其经典广告语“山高人为峰”也成为人们生活中熟悉的语句。这句广告语简练有力，将人们对山与人的理解精练为五个字，将奋斗型男人的情怀一展无遗。在中国广告史上，这句广告语堪称绝响。

● 黄山香烟：一品黄山，天高云淡；

黄山香烟：感受黄山，天下无山

黄山有四绝，分别为奇松、怪石、云海、温泉。中国历来有“五岳归来不看山，黄山归来不看岳”的说法，足以证明黄山之美景，美不胜收。安徽香烟品牌直接命名为“黄山”，借绝美的黄山给人们带来一个绝佳精神体验的香烟品牌。从用“一品黄山，天高云淡”来描绘一种大智大仁者的胸怀，到用“感受黄山，天下无山”来象征一种绝佳的香烟和一种顶级的男人。将香烟品牌名和广告语融为一体，带给男性烟民抽烟时绝妙的精神享受，这一广告语也堪称中国广告史上的经典作品。

● 丰田：车到山前必有路，有路必有丰田车

对于越野车型来说，山路的驾驶感受尤为关键。丰田进入中国时，推出了“车到山前必有路，有路必有丰田车”的广告语，由于当时中国的道路建设不佳，崎岖的山路很多，这句广告语深入中国人心，为丰田在中国的推广起到了重要作用。

● Jeep：开启一座山

Jeep 是越野车的代表。在 Jeep 经典的平面广告上，一把印有 Jeep 标志

的钥匙成为“开启一座山”的“钥匙”。意味着有了 Jeep 车，就可以翻山越岭，一路畅行。一辆车，开启一座山；一个男人，开启一片天地。

## 北京山的理想以“山”之名的地产广告文案

一个成熟和优秀的男人，当如一座大山。文艺一点儿来说，每个男人心中都有成为一座“大山”的梦想，或许北京“山的理想”这一小区名称是由此而生的。

“智者乐山”，换个角度来看，或许也意味着一个智慧的男人应该会喜欢傍山而居，或者居于山中。在现代城市，能拥有一套依山的房子，应该是智慧型男人的理想。一个成功的男人，与山为邻，不断提高修养，成为一个都市丛林里的智者。

### 北京山的理想以“山”之名的地产广告文案之一

**山会有理想吗？**

很多房子都与山产生关联，很多人都以房子的角度看山。

我们这一次用山的角度看房子，房子与山的关系就有了新的定位——那是充满趣味、尊重自然的居住理想。

所有人都有山的理想——那是奋发向上的“入云”目标。

所有人都要面对山的理想——那是曲折起伏的“延绵”历程。

所有人都成为“山”的理想——那是崇高伟岸的“奇美”境界。

### 北京山的理想以“山”之名的地产广告文案之二

**知本山**

“书山有路勤为径”依旧，“象牙塔中苦作梯”则未必。

今天的知识分子，早已走出只关心学理的书斋。

他们以知识为本积极入世，意见领袖与政经外脑成为新的目标。

京西首席城市山境住区，与山为邻，取山的意向，拥有山的情怀与品格，就是“山的理想”。

人生登峰之路漫漫，理想家园更显可贵。

北京山的理想以“山”之名的地产广告文案之三

## 资本山

这是一座永远山外有山的“山”。

各大媒体机构轮番推出排行榜，犹如山脊上一连串镏金烫银的指示牌，催唤后来者奋进，领先者急行。

这是将起点不断提升的过程，积累财富，也累加着人性的力量。

京西首席城市山境住区，与山为邻，取山的意向，拥有山的情怀与品格，就是“山的理想”。

人生登峰之路漫漫，理想家园更显可贵。

北京山的理想以“山”之名的地产广告文案之四

## 贵重如山

所谓权力，必被托付着相应的责任。

国家社会的中流砥柱，担当国计民生之重任。与时俱进，开拓进取。于社会飞速发展下，尽职尽责，以实现于家于国的如山抱负。

京西首席城市山境住区，与山为邻，取山的意向，拥有山的情怀与品格，就是“山的理想”。

人生登峰之路漫漫，理想家园更显可贵。

我不想对这一系列文案做过多评论，因为中国真正具有“山的理想”的男人已渐渐消失，不过这种精神依然还在，还存在于一些真正的知识分子的心中。

中国的智者，默默耕耘的知识分子，他们才是真正肩负着这个国家发展重任的人。借助西方的一句话，“政客和罪犯是同义词”，而只有知识分子是与政客和罪犯博弈的一群，知识分子是上天降临大地来与政客和罪犯斗争的一群。

以“山”之名，以“成熟男人”之名，以“智者”之名，以“中国知识分子”之名，写中国最好的文案，做中国最好的广告。那么，广告也会给中国文化带来正面影响，进而为推动中国社会发展贡献一份力量。

# 第13篇 社会

## 13.1 安全

安全需求是人类的基本需求之一。也许在食不果腹，物质供应特别匮乏的年代，人们为了填饱肚子甘愿舍弃自身安全。不过，人类社会一旦进入商业繁荣的和平时期，人们在吃、穿、住、行等方面均得到一定程度的满足时，安全便成了第一需求。

当一家公司准备以广告来打开市场的时候，也就意味着它的产品或服务的价格将超过其基本价值，因为广告费将间接转移到这些产品或服务的价格上。换个角度来说，会购买广告中的产品或服务的消费者都是愿意支付更高价格的人。所以，在现代商业社会，在广告成为推动消费的主要手段的今天，在主流的消费者早已不再追求基本的“吃饭问题”的时候，安全已成为主流消费者的第一需求。

然而，随着商业越来越规范和成熟，品牌厂商已经将安全问题作为企业生存的首要问题来解决，所以消费者在购买的时候已有了更进化的选择标准，而这也就是在本书的其他章节中讲到的广告方法。

当然，一旦某一个商品出现安全问题，那么这个商品将成为众矢之的，并被消费者唾弃，即使厂商随后特别强调自身产品是安全的时候，人们也很难再相信它。这也正是中国的食品和餐饮行业目前遭遇的严重问题。

如今的商品广告中，对于商品安全层面的突出渲染已越来越少，广告商们一般都会将广告的诉求点集中在商品对人们精神层面的满足感上。不过，个人认为对于一些特定行业的商品（譬如，汽车、饮食等），广告商若能将安全作为其广告或广告文案的主题进行充分阐释，则必定会为商品品牌获取显著的市场营销效果。

## 以“安全”之名的短文案

- 沃尔沃（VOLVO）：For life（关爱生命，享受生活）；

  沃尔沃（VOLVO）：Design around you（以人为尊）

人是沃尔沃首先考虑的，是否能保障人的安全是设计一辆车所要考虑的最重要的问题。有生命才有生活，这是人类做一切事情需要考虑的前提。

- 江铃全顺：一路安全到家

全顺，一路顺利，一路安全。这是一辆朴实的车，这是一辆安全的车，这是一辆可以驾驶着出外挣钱的车，这是一辆可以安全到家的车。

- 乐百氏纯净水：27 层净化

怎样才能保证饮水安全，什么样的水才是纯净的水？经过 27 层净滤的水可以保证饮水安全，经过 27 层净滤的水才是纯净的水。关于饮食类产品的安全，不要去说你有多安全，要说你是怎么做的，你需要给受众一些自主判断的空间。

- 明大保险箱：有我在，你安全

明大保险箱，很安全，你可以放心地把你通过汗水和心血获得的金钱或价值不菲的物件放在里面。

- 康师傅矿泉水：全家人的安心之选

人们越来越重视食品卫生安全，而饮用水安全是健康生活的基本保证。健康不是一个人的事，每个人的健康都关乎全家。你的健康，就是全家人的事。为自己做出健康的选择，也为全家做出安心的选择。康师傅的文案，很朴实，很有效。

● 别克君越：真正的安全除了保护自己，也要将安全感给予一路同行的人

保护好自己，也让同行的人感受到安全的保障。别克君越倡导我们做一个负责任的人，一个负责任的伙伴，一个负责任的驾驶者。该文案在给受众传达一种责任精神的同时，也给品牌赋予了一种责任精神的内涵。

## VOLVO 汽车以“安全”之名的文案

在以安全定位的品牌中，沃尔沃是一个经典的品牌。在我的印象中，沃尔沃似乎从未大肆宣扬它生产的车有多安全，但是却被人们称为“最安全的车”。据说这是因为在车辆事故中，沃尔沃汽车的驾驶者和乘坐者的死亡率是最低的，因为沃尔沃的设计最大限度地考虑了人的安全性，其每年要做大量的碰撞试验，为此沃尔沃不惜花费大量的金钱。

VOLVO 汽车以“安全”之名的报纸广告文案

**放心——沃尔沃汽车已来到中国**

满载生机勃勃的荣誉，携带近 70 年的安全设计史，今天 VOLVO 汽车已来到中国，以其珍惜生命便是财富，热爱生活、勇于挑战的豪气，准备驶进您的生活。

这是一部令您放心的车，入乡随俗，特别针对中国道路行驶需要而制造。它不仅安全可靠、性能卓越，更巧妙地将安全性能与汽车动力完美结合，助您在人生路上，安心驰骋。

每一部驶入中国大地的 VOLVO 汽车，都将享有瑞典 VOLVO 汽车公司所建立的完善维修网络为您提供原厂零配件与高质量的售后服务。

现在，尽可以放心了！

放心，沃尔沃来了。现在可以放心驾驶，沃尔沃可以保证您的安全。

沃尔沃，一辆安全的车，只为安全而诞生的车。我希望它能成为车辆中

最奢侈的品牌。它可以被定位为一辆顶级的奢侈品汽车，因为生命是无价的，为保护生命（for life）而来的汽车值得你付出最多的金钱，特别是拥有很多金钱的“你”。

## 德国大众汽车以“安全”之名的文案

德国大众汽车有过很多以安全为诉求点的广告，在广告中出现过孕妇，也出现过婴儿，来传达大众汽车的安全和驾驶稳定性。在 20 世纪 90 年代，有一则经典长文案，一直流传到今天。

德国大众汽车以“安全”之名的文案

**妈妈，我不是故意的**

1994 年 10 月 15 日，星期六，凌晨两点。

车子由高志勇驾驶着，他今年 17 岁，血气方刚。车上另有一名前座乘客及一名后座乘客，他们都是志勇常聚在一起玩乐的好朋友。

车子是志勇向妈妈借来的，妈妈从来都没拒绝过他，只是每一回总是再三嘱咐志勇要小心驾驶，毕竟志勇还是个“新手”。车子正朝往牛顿小贩中心奔驰，大伙肚子都饿急了，准备到那儿大吃一顿。一个左转来到杜尼安路时，意外发生了。

在猛烈的冲撞之后，车子惨不忍睹，在那一刹那，志勇以为一切都完了。

幸好，那是大众汽车，是吉人天相也好，是大难不死也好，奇迹般地，志勇等三人皆平安无事，毫发无损。自行打开车门后，面面相觑，目瞪口呆。志勇这时最担心的是如何向妈妈交代。闯了大祸，妈妈一定不会原谅他，毕竟那是她心爱的车。

听妈妈怎么说，“当志勇来电通知我时，知道孩子们都没事，也就放心了，以为只是小意外。后来，看到心爱的车子时，我简直不敢相信自己的眼睛，我一点也不生气。谢谢大众汽车，救了孩子们一命”。

大众汽车，安全上路；生命可贵，岂可儿戏。德产大众深明此理，因此在设计及制作每一部车子时皆以您的安全为首。超过 30 种不同的冲撞测试，以确保万无一失。车身结构的加强措施，前后左右的安全护撞区与防撞杆给予更大的保障，驾驶座安全气袋在紧要关头能化险为夷。

事实证明，大众汽车的安全措施绝非纸上谈兵。其高度驾驶乐趣更为同行所津津乐道，一经驾驶，必有所悟。

通过一篇故事，来传达大众汽车的安全性：你自己可以安全驾驶，也可以放心地让你的家人驾驶，大众汽车会保证他们的安全。

在我看来，敢于在广告中以安全为诉求点的汽车品牌或其他的产品品牌都是值得尊敬的品牌。它们以人的安全为重，尊重人的生命，我们也应该感谢它们为我们的安全考虑，并且以积极购买其产品给它们以回报。

## 13.2 动物

在广告创意策略中，有著名的 3B 原则，即广告中出现 Beauty（美女）、Beast（动物）和 Baby（婴儿）时都会被受众特别关注。3B 原则在广告创意的运用中屡试不爽，直到今天，仍然被无数的广告人作为创意的主要手法。

文案是广告策略的表现部分，文案要依据策略来执行，因此在文案中，我们也常常能见到 3B 原则的运用，在这一节，我们来谈文案中 Beast（动物）的表现。

动物出现在广告中，为什么会引起我们的关注，这和人们的猎奇思维有关。在我们的生活中，人与人之间不管是外貌特征还是生活习惯的各个方面，在本质上并无太大的差异，我们每天都和各式各样的人交往，人的长相和行为模式我们都很熟悉，除非非常特别的人，否则我们不会对其有太多关注。

然而，相对于人类，动物虽然从远古时代就已成为人类的伙伴，但其在本质上与人有很大的区别。并且，不同类型的动物，其自身特点往往独特而明显，或威猛无比，或温顺可爱……正所谓“少见多怪”，不管是真实生活中，还是虚拟世界中，我们都会对动物多看两眼，并会观察动物之间的差异性。对于广告来说，关注率是广告追求的首要目标，如果能借助动物的出现来获得更高的关注率，广告人很乐于这样做。

## 以“动物”之名的短文案

地球不只是人类的地球，而是全部生物的地球，每种生物都有权利存活在这个地球上，也共同形成了一个和谐的地球环境。因为人类的进化程度高于其他生物，所以人类成为这个地球的高级物种，并利用其他物种为自身服务。与其同时，在人类社会的实践中，人类不仅通过其他物种获得食物和皮毛，而且还运用自身智慧，总结出其他物种卓越的生存技能与竞争精神，不断地进化自身。这些表现，在以“动物”之名的短文案中，也有所体现。

● IFAW（国际爱护动物基金会）：别让它们只留下名字

这句文案很直白，小孩子都能看懂。那些已经灭绝了的动物物种已经给我们敲起警钟，别在更多的物种在地球彻底消失后，我们才去追悔。别让我们的后代只能从教科书上看到那些已经没有了温度的物种名字和物种图片。

● 防止地球变暖公益广告：你放弃，动物们也放弃

如果我们不对地球变暖问题做点儿什么，那我们的生存环境将越来越恶劣，许多物种将会消失，最终人类也将会消失。人类破坏地球，等于人类自杀，等于让其他物种“被自杀”。

● 恒源祥：恒源祥，羊羊羊

这是中国广告史上的经典广告语之一，其也使恒源祥成为中国家喻户晓

的羊毛衫品牌。在视频广告中，悦耳的童声将这句广告语重复三遍，让人们感觉到无比可爱和温暖，同时使人们联想到软绵绵的小绵羊，暖洋洋的羊毛，保暖的羊毛衫。

在 2008 年北京奥运会期间，恒源祥更是推出了 12 生肖主题的视频广告，文案为“恒源祥，鼠鼠鼠；恒源祥，牛牛牛；恒源祥，虎虎虎；恒源祥，兔兔兔；恒源祥，龙龙龙；恒源祥，蛇蛇蛇；恒源祥，马马马；恒源祥，羊羊羊；恒源祥，猴猴猴；恒源祥，鸡鸡鸡；恒源祥，狗狗狗；恒源祥，猪猪猪”也是使用悦耳的童声念出，但这一次成了中国广告史中失败的典型。恒源祥通过可爱而温暖的广告塑造的品牌形象，但也因此受到了损害。

● 七匹狼：与狼共舞，尽显英雄本色

七匹狼是一个成年男性的服装品牌，品牌的标志即为一匹奔跑的狼的图像，品牌商希望借此建立一个硬朗上进的男装品牌形象。狼的性格是商业男性需要借鉴和转化的，服装厂商看到了这一点，从而催生了中国这一知名的男装品牌。

● 大红鹰：胜利之鹰

雄鹰，代表了力量与速度，也代表了眼光与精准，人们常常用它来象征有雄心与远见的杰出人士。大红鹰作为一个香烟品牌，希望能获得精英男士的青睐，将雄鹰与胜利进行关联，强化了大红鹰的成功男性形象。

● 日产：古有千里马，今有日产车

千里马是中国历史上对非常优质的马匹的美誉，千里马能日行千里，为主人立下“汗马功劳”。同时，千里马也象征着具有优秀素养和卓越能力的人才，代表着一种卓越的品质。日产车进入中国市场，主动学习了中国的文化，希望借此能迅速打开市场。

## 中兴百货以“动物”之名的农历新年文案

中国的百货公司在每年农历新年之际，都会推出恭贺新春的广告活动，制造新春喜庆气氛，吸引消费者前往采购。

中国民间有一个传统习俗，人一出生，就用一种动物做他的属相。属相，也叫“生肖”，是中国民间传统的纪年和计算年龄的方法，在中国民间纪年传统中，使用了 12 种动物与 12 地支分别相配成为“十二生肖年”。至今，中国人还完好保存着这一传统，这也成为中国特有的民间文化。中兴百货充分利用该传统习俗，推出了一系列农历新年文案。

中兴百货以“动物”之名的农历新年文案之一

**鼠年篇**

毛茸茸的天竺鼠，染粉红色毛的小田鼠，刁钻机灵的杰利，永远童年的米老鼠，正义象征的太空飞鼠……

捉摸不定的百变面容，调皮而且敏捷，精明又懂得挑剔，讨厌作态与规定，欢愉与想象繁衍一整年。

中兴百货以“动物”之名的农历新年文案之二

**牛年篇**

管他是不喝牛奶的、卖黄牛票的、坚持吃牛肉汤面的、爱吹牛的、有 37 条牛仔裤的，还有爱钻牛角尖的、发牛脾气的……

既然是牛年，愿大家的步伐都开始从容悠闲起来。

中兴百货以“动物”之名的农历新年文案之三

**虎年篇**

我发誓，我不再虎头蛇尾。

我发誓，我不再虎头蛇尾。

我发誓，我不再虎头蛇尾。

我发誓，我不再虎头蛇尾。

我发誓……

虎年来了，收敛你的虎脾气。

买件新衣许下你的新年新希望。

中兴百货以“动物”之名的农历新年文案之四

**羊年篇（一）**

一只羊，二只羊，三只羊，四只羊，五只羊，六只羊，七只羊，八只羊，九只羊……

羊来了！

中兴百货以“动物”之名的农历新年文案之五

**羊年篇（二）**

肥羊，黑羊，羊跪乳，高雄羊肉炉，披着羊皮的狼，顺手牵吉羊，数羊睡觉，吉羊如意。

中兴百货以“动物”之名的农历新年文案之六

**狗年篇**

把学院满腔热情的缪斯搁置脑后吧。

无须那老迈、缄默的缪斯，而要呼唤日常熟悉的、城市的、有生命的缪斯帮助我歌颂好狗、穷狗、脏狗、被大家摒弃的狗、美丽的狗、聪明的狗和这一整年诞生的新“狗”。

中兴百货以“动物”之名的农历新年文案之七

**猪年篇**

凡有轻微懒散的，大而化之的，过度乐天的，吃得胖胖的，看到美女就傻傻流口水的……今年，都必获得宽恕。

祝福这和平而知足的，猪的一生。

在西方国家的节日文化不断“蚕食”中国传统节日文化的时候，春节或许成为国人大肆宣扬自己传统文化的唯一节日了。当我看到这些文案的时候，尽管不是过年时节，但也能感受到过年的热闹和喜庆的气氛，能感觉到一家人团圆的温暖。中国人毕竟是中国人，我们需要自身的文化，这能让我们有“根”的感觉。

在文化快餐化的今天，广告文化已成为社会文化的主要组成部分，文案创作人员同样肩负继承和发扬中国传统文化的使命。我们应该从传统文化中寻找养分，达到既能帮助客户获得商业利益，又能获得人们对商品品牌的好感，塑造一个个深深植根于中国民间的百年品牌。

## 有关宠物的文案

在人类的世界，我们需要很小心和很用心地处理各种关系，而且有时我们的很多付出还得不到相应回报。然而，当我们在和动物相处时，就会简单得多，这就是人类越进化，动物越被“宠”的原因之一。

广告商深知这一点，在广告中，常常借用宠物来宣传商品的优点，在一些与地产和家居有关的广告中尤其常见。

北京蓝调沙龙有关宠物的地产广告文案

**狗是“遛”出来的**

狗也要散步，狗也要交流，狗也要做运动，狗也要呼吸新鲜空气……

蓝调沙龙，中心水景园林，超大翠景公园，想怎么遛就怎么遛！

在“狗”已经成为都市最“得宠”的宠物的今天，广告商似乎认为要打动购买房子的人们，或许首先“打动”他们的狗不失为一个好方法，于是出现了针对狗的“生活环境”的广告诉求。

如果你家有一条宠物狗，如果你希望你们能一同享受美好的新生活，那这个楼盘或许是一个不错的选择。不过，如果你是一个不喜欢狗的潜在购房者，你一定会离这个房子远远的了。所以，这则广告有点冒险了。

胡佛热带水族有关宠物的文案

**便利宠物，只要加水**

鱼不会咬人，不会脱毛，更不会刨抓或啃咬家具。

晚上，你不必让它们睡在外面，也不用傍晚去遛它们、清晨再陪它们起来散步。

热带水族是不错的家庭宠物，它们可爱、易于照看、形态各异、色彩斑斓，而你只要一罐狗食的价钱就可以拥有一条！

确实如此，热带水族，与我们常见的猫、狗等宠物相比，它们要乖得多，好养得多，而且也漂亮得多。

热带水族是不错的宠物选择，要是它们在人类的居住环境里能活得久一些就好了。不过，文案是不会提及让你感伤的内容的。但是，我觉得应该写上它们一般能存活的时间，教会人们一些让它们活得更久的方法。对于养宠物来说，我们最不希望面临的就是，我们可能很快就要和它们“永远告别”。

## 13.3 公益

善，是人们的最高追求。

在中国，行善是人们最高品德的体现。有一些人从小就拥有悬壶济世的价值观，并从细微之处作为，带给世界温暖；有一些人可能一生都在巧取豪夺，但终有一天，或许是在临死之际，他才明白其本应为这个世界带来些许美好。

人生一世，不管我们从事何种职业，身处何种岗位，都应该时刻以公益为念，“不因善小而不为，不因恶小而为之”。就文案这一职业而言，其肩负的不仅仅是商业责任，也应该有社会责任，作为一名优秀的文案创作者，应该写出既能促进商业发展，也能促进社会文明的文案作品，用自身的微薄之力，让这个世界感受到更多的爱与善。作为文案创作者，也许我们能做的就是这么多了，我们必须做的也是这么多。

我们有一支笔，我们要书写出一颗“善良的心”。

### 以“公益”之名的短文案

● 中华血液基金会：我不认识你，但是我谢谢你

我们身处的世界，总是因为有那么一群无私奉献的人而充满了爱。帮助者和被帮助者可能永远都不会见面，更谈不上当面道谢。我们被爱心连接，也因为你的一份爱心，使被帮助者感受到世间的温暖，虽然我们是陌生人，但还是要谢谢一个又一个在不同角落默默奉献的你。世界因为你，才充满了爱。

● 杜蕾斯《国际反家庭暴力日》：遮瑕是用来掩盖瑕疵的，伤口和淤青不是瑕疵

家庭暴力一直以来都是全球关注的话题，在大多数的案例中女性和孩子

是受害者。我们知道遮瑕产品是女性用来遮盖皮肤上的斑点和瑕疵的，可是由于受害者或是担心伤口和淤青被家人看到而感到痛心，或是担心被外人看到而有非议，或是被施暴者看到恼羞成怒而继续施暴……受害者只能用遮瑕产品来掩盖一处又一处的伤痕。这是多么令人绝望的境地，杜蕾斯细微地洞察到了这些，并发布了这震撼人心的文案。

● 冠益乳《世界睡眠日》：你的加班时常上演，你的双眼很少合眼

睡眠质量直接影响我们的精神状态和身体健康，越来越多的年轻人成为加班族，但在奋力拼搏的同时，不要忘记让自己的双眼“多合上一会儿”。冠益乳在世界睡眠日发出这样的呼声，受众对该品牌的好感度也会随之提升。

● 冠益乳《世界睡眠日》：你让黑夜变成熬夜，你让睡眠变成无眠

冠益乳在世界睡眠日发布了一系列广告，每一则广告文案都用心良苦。黑夜原本是人们休息睡眠的时段，到了加班族这里却成了加班时段，睡眠因你变成了无眠，世界睡眠日也在你这里变成了“世界无眠日”。我们要关心自己的睡眠，关心自己的健康，随时随地。

● War Child 公益组织：对于战争中的孩子来说，幻想是逃避现实的唯一途径

谁都知道战争有多残酷，谁都知道一次战争会令无数个家庭支离破碎，我们都不愿意提起战争。但是出于各种各样的原因，某些国家仍然爆发着一次又一次的战争。每一个国家都深知孩子是祖国未来发展的希望，却仍有那么一部分孩子遭受着战争的摧残，而对于这些身处战争中的孩子来说，他们无法改变自己的命运，也无法获得外界的帮助，只能够听天由命。

唯一能够让他们短暂逃离现实的途径只有幻想，和平对于他们来说是奢望或者做白日梦。和平不是一句口号，为了可怜的孩子，为了世界的未来，停止战争！

## OLYMPUS 3Ti 以“公益”之名的长文案

每一种产品只要具有使用价值，就一定能承载或体现公益思想。一杯水，可以自己饮用，也可以浇灌花草，也可以捐助他人；一元钱，可以变为一个游戏币，也可以捐助贫困之人。每一个物件，都可以体现我们的善心；每一句话，都能带来些许的善意。

那么作为一款相机，它带给世界的是什么？它应该记录下什么？它应该怎么去记录？我们可以看看 OLYMPUS 3Ti 的广告是怎么叙述的。

### OLYMPUS 3Ti 以“公益”之名的文案之一

清早这些个时辰，救济所里冰冷刺骨，

骨瘦如柴的饥孩的呻吟声和他们父母的残喘混在一起。

一股恶臭。你想吐。但你却抓起你的相机拍了一张。

你的眼睛刚适应这里的黑暗，你就被眼前所见吓得倒退两步，

哦，说不定你是后退取景？

你的胸膛开始燃烧负罪感和正义的火焰？

还有什么没拍到？

如果被你拍下来，你为了什么卖掉照片？

为了享誉世界的声名？还是钞票？你一张照片卖的票子，可是能让非洲的一家大小过一整年的温饱日子。

或者你的目的是要西方各国首脑睁眼看看这场真正的饥荒？

你如何让自己心安理得？因为有件事你一直清楚，

你有英格兰可以回去，有以后可以舒服打发，

而这个女孩留在这里奄奄一息就要死去。

摄影绝不是自动的。

OLYMPUS 3Ti

OLYMPUS 3Ti 以“公益”之名的文案之二

黎巴嫩的一所精神病院刚刚被炸，你在那里。

那里呻吟和尖叫回荡在四壁。

一个小男孩走向你，脸上写着对战争的恐惧，

你是拥他入怀，给他安慰，

还是抓起相机拍他？

哪个更让你好过些？给他安全感，还是抓拍他吓疯的样子？

还有你的安全问题，下一次空袭来临前你能完成你的工作并撤离吗？

你还会第一时间到现场吗？

反正，你知道，就算是最伟大的摄影师也不能阻止一场战争。

这些孩子已经受到了一次摧残，你做的事情延长了他们的无望。

摄影绝不是自动的。

OLYMPUS 3Ti

我常常独自一人不止一次地看这两则文案，我不知道是谁创作出它们，但我认为创作它们的人绝对称得上“有史以来最伟大的文案创作者”之一。他只是描绘了两个场景，他并不想说太多，摄影人“心知肚明”这一切。我们应该先是一个人，然后才是一个摄影人。没有善心的人不配拥有“摄影人”的称号，而 OLYMPUS 3Ti 是为有道义和善心的人准备的相机。

对于这两则文案，我不想发表太多慷慨之言，因为它更需要我们每一个人去独自品味，去唤醒我们各自原本慈悲的心灵。

## 某堕胎问题年会以“公益”之名的文案

下面这则文案是我看到的让我感到真正震撼的文案，我第一次看就忘不了它，它一直铭刻在我的脑海里，并且常常会出现在我的意识里，提醒我重新看待周围的一切。

生活是多样的，人也是多样的，我们要包容一切，理解一切，关爱一切。

**某堕胎问题年会以“公益”之名的文案**

一个十多岁的女孩怀孕了。她的丈夫不是这个孩子的父亲。在这种情况下，你将如何评价堕胎？

一个家庭已经有了三个孩子。第一个孩子是瞎子，第二个孩子是聋子，第三个有肺结核[1]。母亲也患有肺结核。突然，她发现自己又怀孕了。考虑到他们的困境，你会建议母亲堕胎吗？

一个牧师和他的妻子处在贫困的边缘。他们已经有了十四个孩子。母亲再次怀孕，有了他们的第十五个孩子。考虑到他们的困境，你会建议堕胎吗？

如果你对堕胎表示赞成，那么，第一种情况下，你可能已经杀死了耶稣基督，接着你可能杀死了贝多芬，然后杀死了伟大的卫理公会福音传教士约翰·卫理。

要对堕胎问题了解更多，请参加堕胎问题年会。

看到这则文案之后，如果能让你瞬间静下来，真正地考虑堕胎问题，那它就发挥作用了。我想你不会去想这是不是一则文案，好吧，就算你认为它是一则文案吧，那又怎么样？它绝对比任何一个人对你说的关于堕胎问题的言辞要好得多，它甚至都不想劝说你什么。文案中所描述的都是“事实”，而只是碰巧你看到了，对此你应当感到幸运。你应该感谢这则广告文案，感谢创作了这则文案的人。

[1] 此句话中的“瞎子”即盲人，“聋子”即聋人，文案中使用了较为口语化的表达，以衬托出该家庭的不幸遭遇。

## 某艾滋病防治组织以“公益”之名的文案

当我们健康时，总是感觉疾病对于我们很遥远，所以我们无视可能对健康带来危害的行为，比如暴饮暴食，比如过度烟酒……终于有一天，健康对于我们是一件不可挽回的“过去”的时候，我们才知道健康的珍贵。

只有失去健康的人，才深知健康的珍贵。所以失去健康的人才是真正“醒悟”的人，或许他们才是真正领会活着的意义的人。其实他们并不需要我们的关心，也不需要我们施舍他们什么，我们更多的是要思考可以为他们做点什么，因为他们的痛苦带给了我们警醒。我们应当感谢他们，并庆幸疾病没有降临在我们身上。

某艾滋病防治组织曾有两则文案，很简短，但足以唤醒我们的善心。

**某艾滋病防治组织以“公益”之名的文案之一**

艾滋病并不会致死，贪婪和冷漠才会。

**某艾滋病防治组织以“公益”之名的文案之二**

远离人群与社会的艾滋病人会更快地死去。

趁您还来得及，请助他们一臂之力，您的时间使生命具有存在的价值。

我个人长期忍受身体损伤带来的伤痛煎熬，也曾因为个人原因导致身体的残疾和病痛。我深知疾病给人带来的身心痛苦，但我并不想因此而为病人和残疾人声援什么。相反，我认为正是他们不断警醒健康和肢体健全的人，避免承受与他们一样的痛苦。同时，也正是因为他们的经历和痛苦感受，他们才体会到了人生不一样的意义。或许我们应该多接近他们，他们一定会教会你很多东西，让你更好地活在这个世界上，为这个世界带来更多的美好，体现你人生不一样的意义。

# 第14篇 文字游戏

## 14.1 双关

双关语是指在一定的语言环境中，利用词的多义和同音的条件，有意使语句具有双重意义，是“言在此而意在彼”的修辞方式。双关语可使语言表达得含蓄、幽默，而且能加深语意，给人以深刻印象。

就构成的条件看，双关可分为谐音双关和语义双关两类。谐音双关，是利用音同或音近的条件使词语或句子形成双关；语义双关，是利用词语或句子的多义性在特定语境中形成双关。比起谐音双关，语义双关更为常用。

通俗来说，双关语就是话中有话、弦外有声、暗藏机锋、隐晦曲折，需要仔细嚼一嚼，其中的意味是在细嚼慢品之中体会的。

在文案中，双关语的应用非常常见，以至我们很多人认为广告文案的创作就是双关语的运用，似乎只要能想出一个适合的双关语就能交稿了。在街头的户外广告中，也有大量双关语的广告文案。由于双关语大多有游戏或幽默的特点，所以很多人将文案创作看作“玩弄文字游戏的活计”。我认为，这让文案人员的形象和地位因此而受损，这也让企业不愿意为文案创作者支付较高的薪金。

作为一名文案创作者，我不反对双关语的应用，相反，我认为优秀的双关语能将广告的诉求通过简洁和幽默的话语表现出来，这有益于信息的传播。只是在文案创作实践中，很多广告文案中使用的双关语都是庸俗而无趣的，这不仅不能给广告主带来美誉，同时也不能给受众留下好的印象。

我深切希望有更多巧妙使用双关语的优秀广告文案不断涌现，也希望它们比本节下文所列的这些走心文案更为优秀。

## 谐音双关的文案

文案创作者为了使受众快速地理解广告信息，往往会将体现产品特性的一些字或词融入耳熟能详的成语或典故中，或者融入生活化的话语中。

● 清扬：无屑可击

“无屑可击”改自“无懈可击”。“无懈可击”意为没有漏洞或破绽，没有一处弱点可以被人攻击。改成“无屑可击”，含义便为清扬洗发水是完美的去屑洗发水，能让你的头发不留一点儿头皮屑。

● 春风面纸：纸有春风最温柔

“只有春风最温柔”变为了“纸有春风最温柔”，于是，温柔的春风变成了温柔的“春风面纸”。

● 祛痘化妆品：趁早下“斑”，不要“痘”留

这句广告语是被普遍使用的广告语，很多提供祛斑和祛痘服务的美容店都会借用，将“下班”与“逗留”变为了“下‘斑’”和“‘痘’留”，将专业的医学美容服务变得轻松和生活化。

● 淘宝：淘不出手心

“淘不出手心”改自“逃不出手心”，这句广告语更能体现淘宝手机 App 的功能特性，只要下载了淘宝手机端，只需要你“手心”的一部手机，你就可以尽情地淘你所爱啦。

● 西南海楼盘：贵人，多旺事

“贵人多忘事”带有一丝讽刺意味，而将其改为“贵人，多旺事”之后，语义则发生了变化，性质也反转了。和“贵人”们在一起，你会越来越

"旺"。不过，这是不是显得这个楼盘有点儿太俗气了？

● 红星二锅头：不如意事，十有八酒

"十有八九"一词有绝大多数、大致不差之意，这里将"九"替换为"酒"，不如意的事和酒在无形之中被联系到了一起。这则文案描绘了人生坎坷，烦心事很多的一种意境。不过心情烦闷时，就来一瓶红星二锅头吧！这样的文案也很符合红星二锅头中低端市场的产品定位，也说明文案创作者很懂目标受众的心。

● 德芙春节文案：年年得福，年年德芙

这句广告语重复使用了"AABC"的句式，还将同音贯穿始终，读起来朗朗上口，易于传播和记忆，很容易给受众留下深刻的印象，年年吃德芙便可年年得福。瞬间，德芙一改一贯的都市浪漫爱情模样，穿上喜庆的春节传统服装，真正实现了品牌本土化传播。

● 支付宝年度账单：在生活上，付出不一定总是有收获，但总是会收货

"付出不一定有收获"，一语道破了惨淡的现实，但是支出一定会让你收货。好吧，用支付宝支付，天天都有"收货"。天天买买买，时刻买买买。这样玩转谐音梗既带有一丝幽默、调皮的调性，又凸显了支付宝的特性。不过似乎有点儿"丧文化"了，不利于塑造品牌形象。

● 清嘴含片：想知道清嘴的味道吗

清嘴含片的这一广告曾被列为庸俗广告之列，视频广告中，一个清新可人的女生挑逗性地问大家，"想知道清嘴的味道吗？"由于"清嘴"和"亲嘴"发音相似，因此很多人认为这个广告少儿不宜。但作为一则较为典型的谐音双关类文案，还是有很多值得大家借鉴的地方。

● 中国电信：千里"音"缘一线牵

"千里姻缘一线牵"，改变为"千里'音'缘一线牵"之后，便将电信服务形象化地诠释了。电信提供的是电话服务，也为异地恋人提供"传情达意"的服务。

● 英特尔：给电脑一颗奔腾的芯

电脑的“芯”，是一颗奔腾的心。英特尔，给你快速运算处理的电脑技术服务。

● 标致：汽车工业新一代的标致

“标致”是“标志”，是汽车标致，也是汽车标志。双关语的流行，基于中国汉字文化含义的多元性，也基于人们不断提高的文化水平。可以想象，双关语在生活以及广告中的运用将越来越普遍。

## 语义双关的文案

同样的词语或语句，在不同的语境下，就有了不一样的含义。生活中，我们常常使用语义双关的修辞方式来制造幽默效果。在广告文案中，语义双关也成为文案创作者将广告信息巧妙植入的一种文案技巧。

● 三菱电梯：上上下下的享受

“上上下下的享受”，原意为浑身上下的享受。不过其在这里与电梯进行关联时，便成了坐上坐下的享受。

● 美的：美的空调，美的享受

“美的（de）”也是“美的（di）”。美的公司太有远见，一个名字就为它省了无数的广告费。

● 来一客方便面：泡的就是你

广告商的意思似乎是，当和女孩子相处时，“泡”的是“妞”；肚子饿的时候，“泡”的就是“方便面”。一语双关，诙谐幽默，不过仔细品味下来，似乎有点儿粗俗的感觉。

● 统一小心点拉面丸：给我小心点儿

统一直接在名字上“投机取巧”，取名为“小心点”，并且使用了生活中常用来恐吓人的一句话来作为广告语，吸睛易记，使人过目不忘。

● 椰树牌椰汁：白白嫩嫩

白白嫩嫩，一般用来形容皮肤好的女孩子。现在和椰汁联系在一起，便具有了双层含义，一层含义是椰汁白白嫩嫩，另一层含义是可以使你的皮肤也白白嫩嫩。这是一个很好的双关语应用。

● 正大集团：爱是正大无私的奉献

爱是正大无私的奉献，爱也是“正大集团”无私的奉献，这是正大集团，也是“正大的”集团。

● 天大药业：你的健康是天大的事情

这句广告语和正大集团的广告语相似，你的健康是天大的事，也是“天大药业”的事情，天大药业也会把你的健康视为“天大的”事情。

● 联想：如果没有联想，世界将会怎样

如果没有联想，是没有联想企业还是没有想象的能力呢？作为一家 IT 企业，联想在品牌取名上占了先天优势，既节省广告费，也容易获得受众美好的“品牌联想”。

● 某保险公司：好险！

好险，意味着碰到出人意料的危险，不过没有太大的损失。可是这两个字和保险公司联系在一起之后，就有了多重韵味。碰到危难，若能躲过，确实“好险”！不过有“好险”（好的保险公司 / 好的保险），就会有相对妥当的处理，一切危险都会化险为夷，都只不过是一声：“好险！”

● 美图美妆：看够了生活的脸色，用口红回敬一点颜色

在遭受不公正对待的时候我们当然要予以反击，生活把你折磨得毫无还手之力的时候，不妨涂上口红给生活点“颜色”看看。在这样的语境之下，“颜色”也就有了双重含义：一层含义是为生活增添色彩；另一层含义是不要对美好生活的向往和追求轻易放弃。

● 知乎：我们都是有问题的人

该文案同样具有双重含义：一层含义是指我们都是对这个世界有疑问的人，这和“有问题，上知乎”的广告语关联起来；另一含义是指我们的身心或许都是存在某些问题的，所以我们需要就医，也需要上知乎，解决身心问题。用知乎，让自己更健康。

● 小红书：我要瘦了，你们自重

自重虽有“自我尊重”之意，但是在这里似乎更多地是指“自己肥重”之意。

小红书的受众大部分为女性，在小红书上有众多达人“安利”减肥的方法，这足以让迫切想要减肥的女孩子们怦然心动。小红书也正是以这些女孩子们的口吻发布这则广告，像是在对那些想减肥却迟迟不开始减肥的潜在受众“挑衅”。你们不减肥，我可要减了，你们继续自重（肥）吧。

● 南极人内衣：南极人不怕冷

南极人不怕冷，你穿上南极人的内衣后不怕冷。在南极人的广告中，赵本山说着“我都告诉你一百遍了，南极人不怕冷”。我想，如果一个内衣取名为“北极熊”，是否也可以写类似的一句广告语“北极熊不怕冷”呢？

● 上海鞋油：为足下争光

为足下增光，为你的皮鞋“增光”，也为尊贵的你“增光”。很实在，很巧妙。

● 奇瑞风云：动静皆风云

动静皆风云，这里的“风云”既是风云汽车，也是世界瞬息万变的风云。作为驾车者的你，可以掌控风云的动静，也能够掌控世界的风云动静。这是十分巧妙的双关语应用。

● 理发店：虽为毫发技艺，却是顶上功夫；新事业从头做起，旧现象一手推平；要想成功，从头开始；专做头等大事

双关语在生活中的应用很常见，在理发店的广告语中也频繁出现，这几句是比较常见的。顶，可以指“头顶”，也可以指“顶级”；头，可以是“头脑”，也可以是“开头”，还可以是“头等”；推，可以是“推剪”，也可以是“推开”。所以就产生了这几句广告语。

中国汉语文化博大精深，给我们提供了幽默和风趣的丰富资源，这是其他语系所不能及的。雨果曾说过，“双关语是灵魂飞舞的产物”，或许外国文学家和广告人还应该多学习汉语，获得更多双关语应用的灵感。

## 14.2 悬疑

广告首先要能吸引人，然后才能向受众传达广告信息。设置疑问是引起人们好奇和进一步关注的有效方法，不管在人们的谈话中还是在演讲中，都会通过设置疑问来让大家关注自己接下来要说的话。

在英文中，广告标题（title）常常又称“钩子”（hook），意为“钩住”受众的眼球或思维，让人们无法转移视线或思维，使广告信息完整地被受众接收。

一般来说，广告都是要向受众传递一个原本可有可无的信息，但是为了让这个信息更有吸引力，创作者会设置悬疑，或者挖一个“陷阱”，让受众“掉进去”，直到读完或看完广告信息，受众才“恍然大悟”。

### 以“悬疑”之名的广告标题和文案

通过广告标题制造悬疑的广告很常见，这也是一种简便有效的文案写作手法，当你没有太好的办法的时候，可以尝试。

- 联想：明天将发生什么；

  联想：人类失去联想，未来将会怎样

联想，和联想品牌一起联想，想象未来的生活，去创造，去实现。这很符合联想科技型企业的品牌形象。

- 麦肯广告公司招聘：麦肯不要人

麦肯不要人，专要人妖/色魔/吝啬鬼/丑八怪。是的，这是广告行业，我们需要不一般的人。这世界有两种人，广告人和另一种人。

- 宝马 MINI：她可爱吗

她可爱吗？宝马 MINI，你可把它看作一个可爱的女人。如果你是一名女性，那它或许就代表了你；如果你是一名男性，那它也或许代表了你心中的“她”。此刻，你想到了谁？

● 南京新城市广场：想艳遇吗

在情人节期间，这一句广告标题出现在南京市区的广告牌上。“想艳遇吗？”自己去想吧。地产商的广告目的已经达到了，因为你已经关注了。无可厚非，从设置悬疑，抓人眼球方面，此广告文案无疑是成功的，但我个人觉得，其仍有很大的提升空间，因为我认为真正走心的好文案是可以雅俗共赏的一种文字组合。此类型的文案还有下面一则。

● 咸阳国际财富中心：买铺子送老婆

买一送一，买铺子送老婆，有意思！怎么回事？不用大惊小怪，地产商不会送你一个“老婆”，是让你买一个铺子送给你的老婆。

● 杜蕾斯：别忘了今晚八点半关灯

地球一小时（Earth Hour）是世界自然基金会（WWF）应对全球气候变化所提出的一项倡议，希望家庭及商界用户关上不必要的电灯和耗电产品一小时，时间在每年 3 月的最后一个星期六的 20:30—21:30。作为避孕用品，杜蕾斯为何要提醒这个？在整个世界黑暗下来的一小时，可以做点什么呢？别忘了关灯，关灯更环保。

● 湖南卫视《花儿与少年》：你以后想成为什么样的人呢？什么意思，我难道不能成为我自己吗？

在面临第一个问题的时候，我想捧着这本书的你应该会怔住那么几秒钟，瞬间回想自己儿时的梦想，再想想自己现在有没有变成最初期望的模样。然后，可能会不禁想，身边的人都变成了什么样子。不过再回过头来想想，现在的你不也挺好吗？现在的我，才是真正的我啊！这样的诉求，和品牌的受众也是吻合的，品牌支持青少年主动往自己想去的地方，而不是按照别人的想法去活着。

● 银联文案：

银联文案

**中国人民很行**

中国工商很行

中国农业很行

中国建设很行

中国交通很行

中国很行

因为中国人民很行

啊，晃眼一看，没问题啊，这些银行怎么了？再细一看，啊，原来是“很行”，而不是“银行”。文案创作者，你行，你“很行”。因为中国人民很行，所以中国很行，中国的银行很行，中国人民银行也很行。

## 长城葡萄酒和香港礼顿山豪宅以“悬疑”之名的文案

葡萄酒是一个表现优雅品位的道具，它的文案同样都显示着优雅与品位。然而品位过于显露就会被视为庸俗，要让这种优雅含而不露，需要文案技巧的运用。长城葡萄酒有一则文案是这一类型文案的代表。

长城葡萄酒以“悬疑”之名的文案

**三毫米的旅程，一颗好葡萄要走十年**

三毫米，

瓶壁外面到里面的距离，

一颗葡萄到一瓶好酒之间的距离。

不是每颗葡萄，

都有资格踏上这三毫米的旅程。

它必是葡萄园中的贵族，

占据区区几平方公里的沙砾土地，

坡地的方位像为它精心计量过，

刚好能迎上远道而来的季风。

它小时候，没遇到一场霜冻和冷雨，
旺盛的青春期，碰上了十几年最好的太阳，
临近成熟，没有雨水冲淡它酝酿已久的糖分，
甚至山雀也从未打它的主意。

摘了三十五年葡萄的老工人，
耐心地等到糖分和酸度完全平衡的一刻才把它摘下，
酒庄里最德高望重的酿酒师，
每个环节都要亲手控制，小心翼翼。

现在，一切光环都被隔绝在外。
黑暗、潮湿的地窖里，
葡萄要完成最后三毫米的推进。

天堂并非遥不可及，再走
十年而已。

这可以说是“一颗葡萄的故事”。在过去的文案中，我们还看到“一支烟的故事”“一颗豌豆的故事”“一个避孕套的故事”，可能还有更多的故事。

在这样的文案中，产品的生产过程被细致地演绎，每一个环节和每一处细节都极尽严格甚至苛刻，以此来彰显产品的完美。这样的产品是呈献给最尊贵和最有品位的“客人”的，当然也只有最尊贵和最有品位的人才值得享用。

不过，这大都是广告人编造的故事，这样感觉很严肃、很尊重、很有品、很高雅。很多时候贵族也就是这样被“制造”出来的。我们可以看下一则文案。

**香港礼顿山豪宅以"悬疑"之名的视频广告文案**

为何贵族需要戴假发？

为何筹备舞会是日常工作？

为何运动也需要穿戴整齐？

为何茶叙晚会于六时开始？

为何狩猎竟成地位象征？

一般人根本无从作答，阶级，为何从来没有消失。

一个贵族的诞生——礼顿山。

贵族追求的不是结果，因为他们拥有所有的"结果"。对于他们来说，一切都只剩下体验和炫耀。葡萄酒的主流消费者是如此，豪宅的消费者也是如此。

对于炫耀者和贵族来说，过程更为重要。如果贵族关心结果，那就只有一个结果——"死亡"。所以，一般人都关心如何活下去，或者如何活得更好。炫耀者和贵族关心的是，你们不能像"普通人"或"下等人"一样地"活"。

于是，"阶级"出现了。

## 北京星河湾以"悬疑"之名的地产广告文案

华丽、高贵和睿智，这是近些年地产广告文案给我们的印象。2000 年以来，地产行业的蓬勃发展使地产广告在中国一枝独秀，广告人在地产行业"长袖挥舞"，将广告人的聪明才智完美体现。

在地产行业兴旺的那些年，在房子只是一片荒地的时候，就已经被"抢购"一空。所以，地产商不是在卖房子而是在"卖广告"，而这正好为广告人提供了无限的创作空间。

于是，广告人们开始玩各种玄妙的文字游戏，地产广告文案成为全中国最具"欣赏价值"的"文学作品"。如果你看不懂这些地产广告文案，只能说明一个问题，那就是“你没钱买房子”。

浓缩为一句话，地产广告文案的精髓就是，“富人，你值得拥有”。

**北京星河湾以“悬疑”之名的地产广告文案之一**

**她400岁，正值妙龄**

三年前，在智利，星河湾挑中了她，很多必要的斡旋工作就在那时候开始了。

两年前，所有的启程准备终于完成，她乘船来到上海，

她的体重和随身土壤足足有27吨。

在上海，她生活了整整一年，这是她适应中国的必要程序，

一个飘雪的夜晚，27吨的她，正式定居北京。

一棵400岁，胸径一米，高六米的耐寒智利蜜棕，就这样来到了星河湾。

另一棵，也是。

**北京星河湾以“悬疑”之名的地产广告文案之二**

**走过52座梢木桥，就到家了**

4艘马来古船被还原了，穿上完好的梢木甲板经过细细的打磨，

铺在星河湾总长4千米的溪水上。

走在这52座梢木桥上，桥板咚咚的声音一如数百年经历的回响。

每到雨天，乌黑的梢木桥一下明亮起来，像镜子一样反射出世界，

仿佛又恢复了它们在海上时叱咤风云的精神。

园林中的树木从桥上现出倒影，

通过木桥的人们也映现在桥上，洗却一身尘嚣。

穿过树林间的小径，一路上有黄蜡石、叠水为伴，见到梢木桥，也就到家了。

星河湾的梢木桥，架设在每个单元大堂前的溪水上，是每天回家必经的过程，

而这，也正是全成品生活必需的过程。

北京星河湾以“悬疑”之名的地产广告文案之三

**5 辆专列悄悄进京**

他们原本生长在 3000 公里以外，自然灵性，温润如玉。

一旦淋了雨，就散射出流动的光彩。

他们很重，也很大，最大的一块重达 27 吨

5 辆专列悄悄进京……

在北京星河湾一期园林中，共动用了 5000 吨黄蜡石，

而这才只是个开始。

在放入园林景观里时，它们重大的身躯经历了多次的移位，

吊装、调整、再吊装、再调整的过程……直到满意。

虽然这些黄蜡石在整个园林中只占了很小的比重，

但对完美园林的不懈追求，一如艺术家对待他的作品，

而这，正是开发全成品豪宅必须具备的态度。

“她 400 岁，正值妙龄”“走过 52 座梢木桥，就到家了”“5 辆专列悄悄进京”，这是北京星河湾地产广告文案系列中的三则，或许它还有更为玄妙的广告标题和文案我未曾看到。可以说，这三则文案可谓地产广告的代表性案例，具有地产广告文案的典型特点：“用心良苦的广告标题，精心推敲的措辞，以及如梦如诗般优美的文案。”

这三则文案中的每一则其实均只隐含有一个具体的信息点：第一则是这个楼盘移植了两棵智利蜜棕树，也不知道它们有什么特点；第二则是这个楼盘用了一些木板搭了一些装饰性的木桥，也不知道桥下会不会有水；第三则是这个楼盘摆了一些大石头，或许只有“艺术家”才能看出它们有“艺术感”。

然而，广告受众的好奇心总会被这样的标题“勾起”，这是地产广告，如果你很有钱，而你居然读不懂这样的标题和文案，那只能说明你不是真正的

"富有"。

富人都不太喜欢被人说自己有钱，而喜欢被人说很有知识，或者很有品位。因为他们相信他们的钱来自他们的"知识"，而在他们有钱之后，他们的品位也变得非常"高"。作为一个"有知识"和"有品位"的人，只有"足够高深"和"足够高雅"的广告才能"打动"他们。

这是地产广告的世界，这在根本上是另一个世界。

## 14.3 幽默

文案中的幽默一般表现在两个方面。

一方面是指文案创作人员自身的幽默。作为文案创作者，我们要以"游戏"的心态看待生活、工作和人生，并从中不断发现乐趣，不断更换角度，不断发现新意，塑造自己乐观的思维方式，培养我们自身的幽默感，并以此不断激发我们的创作灵感。

另一方面是指文案语言中的幽默。幽默能够带来娱乐的元素，能够让受众在放松的情绪中看待广告，能增加受众对所广告产品的好感。每一则广告都是对人们生活的贸然打扰，我们应该将"幽默"作为对受到广告打扰的人们的一种"补偿"。你要相信，受众会"心领"你的好意，因为如果他们知道你在乎他们的感受，他们会乐于与你"做朋友"的，而不管是在广告中还是在生活中，只有彼此成为朋友，你才更有可能说服对方。

在文案中，以"幽默"之名主要表现在广告语中，广告人通过幽默的语句取悦受众的同时，卸下了人们对广告厚厚的心理防御甲胄，使人们不自觉地接收广告信息。

● 杜蕾斯：致购买我们竞争者产品的人，父亲节快乐

富有调侃意味的幽默文案是杜蕾斯创意广告的一个特征。为什么要做这样的“祝福”？因为竞争对手的避孕套“不安全”，所以他们的购买者成为“父亲”。

● 和信电讯：这种鬼地方都收得到

在从没希望能有通信信号的地方，居然能收到信号，那就“偷着乐”吧。和信电讯的亲民形象一下子就体现出来了。

● 周大福珠宝：拿得起，放不下

人类是可爱的，人的心理是复杂的。或许珠宝商的销售人员很清楚消费者的心理和行为，在生活中我们总是激励人们要“拿得起，放得下”，在珠宝的面前，人的“坚强堡垒”彻底“崩溃”了。

● 杉杉西服：不要太潇洒

“不要太潇洒”，这句话像是来自酒肉朋友的一句揶揄，没有坏意，只是一句调侃，调侃的和被调侃的都是开心的。穿上杉杉西服很“潇洒”，但是你不要太潇洒哦。

● 某男装：咱们的衣服，从来没有流行过

时尚大师一再说，时尚的是还未流行的，流行的则即将被淘汰。我们的衣服没有流行过，那就意味着我们的衣服很时尚，一直只有少数人拥有和懂得。

● 牡丹视频机：牡丹虽好，还要爱人喜欢

早期的广告语一般都很朴实，很生活。在你忍不住想要付钱购买的时候，想想你的爱人喜不喜欢吧，广告商的这一句广告语给人以一种“得了便宜还卖乖”的感觉，不过这确实是人类“可爱”的表现。

● 高洁丝：它如期而至，但你阔步前行

女孩子每个月总有那么几天烦恼的日子，应付“亲戚”可不是一件易事。经期女生总是下意识地克制自己，无论是坐姿、站姿还是走路的姿势都力求“标准”，以防不小心侧漏。没关系，高洁丝懂你，使用高洁丝，你可以不用

理会这些，你尽管“阔步前行”，追求你想要的理想和目标。高洁丝这些年在与都市女性白领的互动中，确实能洞察人心。

● 网易考拉：我不是狐狸精，但是我花钱比狐狸还精

网易考拉采用自嘲的方式说明自己花钱比狡猾的狐狸还要精明。这一句调侃背后其实向我们传递了一个信息：网易考拉上的折扣不会让你多花一分冤枉钱，花钱的时候想要变得比狐狸还精，那就上网易考拉海淘吧，在那里你可以真正地精打细算。

● 网易考拉：男朋友也许会离开你，但你的鞋不会

男朋友离开自己的话题原本挺令人伤感的，不过你可以看后面一句……这样的反转看似无厘头，但也有一些道理。你的鞋子永远属于你，男朋友却不一定。所以，网易考拉是想让女生把男生的钱掏空，都用来买鞋吗？不过至少它是在对女生传达一个观念：大可不必对你的男朋友委曲求全，尽情去买鞋吧。这是什么样的一种恋爱观和消费观呢？

● JONAS & VERUS 时装表七夕节：每天早上，叫醒我的不是梦想，是梦想中的包

对于“起床困难户”来说，梦想不过如此，没有什么比得上睡眠更让人享受。如果有，那可能是拥有下一个梦想中的“包”。女生对包的欲望可能真的不可抵挡，为了包，拼了，不睡了。这个文案人员，可能也是这种“包治百病”类型的女生吧。

● 江小白：话说四海之内皆兄弟，然而四公里之内却不联系

文案作者对社会的洞察很深刻，以幽默、调侃的口吻道出了现实关系。在成年人的酒桌上，“四海皆兄弟”不过是社交套路用语。酒席之后，各自散去，大多不会再有联系。所以，既然有缘酒桌上碰到了，就多喝点吧，尽情尽兴。

● 美剧《致命女人》：Misery loves company（一起比惨，痛苦减半）

幽默的魔力就在于它能够让人于苦中作乐，笑看人生。适时的幽默能够让原本沉浸在悲痛中的人平缓情绪，积极乐观起来。利用比惨以期痛苦减半，蕴含着多重自我安慰和开心快乐的意味。

● 新飞冰箱：新飞广告做得好，不如新飞冰箱好

这句广告语和牡丹视频机的广告语一样，也是早期的广告语，但这一句一直流传到今天，成为广告语中的经典。到底是新飞的广告好还是冰箱好呢？这个问题就解释不清楚了，反正新飞随着这句广告语的流传而广为人知了。

● 艾美加复印机：我因复制而伟大

“复制”和“抄袭”是近义词，因为“抄袭”是带有贬义的，于是在很多人的认知中觉得“复制”一词也自带贬义色彩。可这里文案创作者却把“复制”和“伟大”放在了一起，为什么？因为我们要广告的产品是为“复制”（复印）而生的。

● Kindle：盖 Kindle，面更香

Kindle 是大家熟悉的电子书阅读器，也被大家调侃为“泡面神器”。亚马逊主动放下身段，将民间“盖面”功能再提升了一个“档次”。泡面的时候，盖一下 Kindle，面会泡得更香；吃泡面的时候，读读电子书，生活会更美好。这是品牌平等、坦诚和幽默的表现，很生活，很有趣。

● 蒙桑图镀层公司：蒙桑图，专做表面文章

这句广告语和上一句一样，都是通过表面的贬低自己获得受众的关注，而实际上是在凸显自身的产品或优势。

● 劲酒：劲酒虽好，可不要贪杯哦

这句广告语和牡丹视频机的广告语形式相同，是取巧或者说是“厚脸皮”的广告诉求方法。不过，对于这样的广告或者具有这样特性的人，人们都是一笑而过。只是一则广告嘛，不需要太严肃。

● 某花店：送几朵花给你最爱的人，但不要忘了你的妻子

买几朵花送给你最爱的人吧，“我们”知道你最爱的人可能不是你的妻子。但是“我们”理解你，也不会给你“泄密”。不过，“我们”也希望买几朵花送给你的妻子，这样可以维护好你的婚姻，也可以增加“我们”的销量。我们都是人，不需要对人太苛刻。当然，也不要对广告太苛刻。

# 后记

## 世界因我们而不同

一

每一本书，都在记录一段历史。

这一本书，承载了一段文案的历史，希望它能为整个世界的文案历史传承做出一点贡献。

二

每一本书的出现，都非常不容易。

从某种意义上来说，一本书的面世和一项大型建筑工程的完成没有太大的区别，为一本书成功面世而进行规划、工作、付出和提供各种帮助的人不计其数，即使用千千万万来形容也是不过分的。

三

其实，在每一本书的书稿完成之后，至书籍散发着油墨香味出现在读者手中之前，作者都想借自己手中的笔或者电脑的键盘，向为本书贡献过力量的人们说些什么。

这和一个乐队表演结束后，主唱要和大家所说的话是一样的。

所以，虽然我不一定是对本书贡献最大的人，但作为本书的主要作者，我有义务在此写下应该留在本书里面的那些人的名字以及他们为本书做出的各种努力。

四

本书中收集了大量的文案案例，这些案例的背后有千千万万的广告主、广告公司和相关工作人员，特别是文案创作者，在此感谢你们为文案所做出的贡献。

另外，本书的撰写工作，除了我和尹雨诗女士外，我的助理郑雪娟小姐也付出了大量的心血，其对本书进行了最新文案案例的整理工作和部分内容的补充完善。

五

在本书定稿之前，为了给其取一个令读者倾心的书名，我在本人创办的“每日商业观察”社群做了相关调研，社群里很多朋友为本书书名提出了很好的拟写建议，也提出了一些非常好的书名。为了让这些朋友的智慧结晶留存下来，也留给习惯于把后记一起认真读完的读者来玩味（我本人就是喜欢读后记的那一类），我将这些朋友的姓名以及所提出的书名整理如下——

杨晓涛《营销文案写作指南》《营销文案如何走心走货》；刘静《营销文案写作指南》《营销文案快速入门》；黄建宇《一只蝙蝠引发的文案》；康平《高价文案》；谢华利《硬核的文案都这么写》；邓卫东《带货文案》；何明《庚子文案》；骆柏华《文不加点，案不留牍》；张杰《引爆文案 42 式》《引爆文案的 42 堂课》……

特别感谢我的朋友孙宏哲，他与我分享了其为本书特意拟写的十多个书名，每一个书名都饱含了他对本书的挚爱和期待，这些书名有《核弹文案》《案中爆款》《银河系文案写作指南》《葵花文案宝典》《文案炸弹，横扫一切》《没有好的文案，怎能收买人心》《八荒六合文案智尊》《厚德载物，文案载人》《高维度文案》《文案界王书》《靠文案通吃一切》《案中之王》《一案在手，别无所求》《把文案玩炸》《文案 Disco》《这就是你想要的文案》。

另外，也诚挚感谢其他那些我没能特别留心记录下来的朋友。

## 六

这本书出版的背后有很多故事，我也很感叹人生的缘分，使我有幸认识中国经济出版社的崔姜薇老师，我们有很多共同语言，我们平时关于知识服务方面的交流也很多。崔老师给了我很多启发，希望这本书的出版，是一段美好知识旅程的开始。

在图书的编辑和出版方面，出版社编辑王建昌老师非常专业，为本书内容的完善提出了很多真知灼见。王老师在为人方面非常谦虚，也很真实，很有温度。我身上有很多问题，特别是拖延症严重，并不断为自己的拖延找借口，而王老师很包容，给了我最大的写稿自由度，真是让我自觉惭愧。在此向王老师致歉，并特别感谢。

## 七

我从 2013 年 1 月开始写作，2013 年 5 月出版了我的第一本商业著作《不同凡响：广告策划之道》，到今天已经出版的著作有《不同凡响：广告策划之道》《你的创意逊毙了》《笔尖：创意文案 42 式》《一瞬：不深刻，不青春》《策划在左，文案在右》《体验再造：赢得 YOU 时代的方法论》《体验感：品牌 3.0 的营销革命》《房地产营销 30 讲》《顶尖文案：走心广告的 180 种句式》。

感谢我多年以来的合著者我的兄长汪吉先生和我的朋友尹雨诗女士，希望我们能保持一年一本新书的速度，不断给中国商业贡献有价值的知识读本。

也希望更多的创作者加入商业图书的创作和传播中，对于知识青年来说，这一定是值得付出我们热血的公益领域。

## 八

最后，希望每一位读者都能通过这本书获得一些启发。

如果您想要更多交流，或者给作者提出意见，您可以添加我的读者交流微信，微信号：ynwanghao。

相信，世界会因我们的努力而变得不同。